尋心經

一段走進《心經》世界的精神旅程

Finding The Heart Sutra

Guided by a Magician, an Art Collector and Buddhist Sages from Tibet to Japan

Alex Kerr
艾力克斯・柯爾——著
王凌緯——譯

心

目次

空

序

佛教傳說有云，一位年輕求道者歷經諸般冒險，終於登上彌勒樓閣塔頂。令他大失所望的是，他在那裡發現的不過一間斗室。但當他推開門扉，門後卻嶄露出一座寬闊恢弘的內室，以及滿眼紛花撩亂的景象——熒煌生輝的殿堂，綴飾以璀璨寶玉、冠飾以輝煌尖拱、掩覆以瓔珞華蓋、沐浴以倒瀉金粉。此廳以外尚有其他殿堂接續綿延，其數無量，豪華壯麗一室勝於一室，彼此重重輝映——然而這所有一切又都盡納彌勒樓閣之中[1]。

《心經》就是這麼一間斗室。這首論「空」的短詩未滿六十行，卻能開顯出一座蘊

1 這段故事出自《華嚴經》卷第七十九〈入法界品〉第三十九之二十，這位年輕求道者便是善財童子。

藏思想萬象的寶庫。

自從四十年前初識《心經》，我便篤定這是人類所能創造出最發人深省、又最情感濃烈的作品之一。《心經》的流行程度，以它自七世紀起橫掃亞洲的影響衡量——從日本、韓國、中國，乃至印度、蒙古、圖博、越南——今日再無其他作品能及。

據信《心經》納集了所有佛教智慧最凝練的精華。即便如此，《心經》的重要程度雖與儒道學說分庭抗禮，但在西方仍然鮮爲人知。推敲文本內的任意一字，都能有如注珍寶湧溢而出——也就是一千三百多年來啟發東亞思想家的種種概念。

這些思想家包括七／八世紀的中國術士暨哲人法藏，以及十八世紀的日本毒舌禪師白隱；我們的時代則有第十四世達賴喇嘛，以及越南的靈性領袖一行禪師。這些思想又受到以英、日文等語言出版的諸多書籍文章、還有成千上百個探討經文專業方面的網站與部落格加以擴增，共同打造出了一個聯繫東西古今的活絡國際社群。

爲開誠布公起見，我必須承認自己並非僧侶，也非佛教學者，因此想要討論《心經》如此重大的主題，尚顯才疏學淺。我僅能訴諸自己與這份文本相處過的時間來爲自己辯護——也就是從我還相當年輕時以來，長達數十年間的投入。就算貴爲佛學宗師，在試圖解釋《心經》時也會自覺慚愧。蒙古喇嘛丹達拉然巴在一八〇〇年前後完筆注疏《般若波羅蜜多心經明釋·摩尼光》時，就曾表達過類似的力有未殆之情，並懇求讀者諒解：

經如托缽乞麩粒，
散簡雜篇混一闕。
不納深奧艱難辯，
只源無染素樸心，
吾智莫及難引咎。

導言

初遇

當時是一九七八年某個炎熱七月天，我們齊聚於神戶，準備觀賞一座世界傾圮。我的導師，藝術品收藏家大衛．基德住在一間十八世紀的藩主宮殿裡，那建築物是在一九〇〇年前後，從四國島的某座城堡地基上遷移至神戶附近的蘆屋[1]；此後，同樣類型的其餘宮殿全都遭到破壞，這座是當時唯一還有人在裡面生活的宮殿。這幢大宅內滿是大

1 此宮殿原為四國地方愛媛縣伊予松山城南側部分，一九〇二年由日本實業家賀田金三郎（1857-1922）以駁船搬運到蘆屋。其宮殿類型為天守閣，日本當時僅存十二座。

衛無與倫比的日本水墨畫、中國傢俱與圖博金佛收藏，本身就是某種在中國與日本早已亡佚的倖存珍寶。

但這座宮殿終有盡時。房東將建築腳下的地皮賣給了地產開發商以興建公寓。大衛決定依日本老舊木造建築通常的處置拆除這座宮殿：除去灰泥牆、卸解梁柱。這些梁柱不靠釘子而互相嵌合，有如一座巨型飛機木拼裝模型。這些構造隨後就能運往新址，重新拼砌。大衛原本計畫將宮殿零件收納在一間倉庫，直到有誰募得資金，將之再度組裝起來。

我和一群大衛的友人集結起來，向宮殿的銀箔拉門與寬柱大廳道別。在木匠過來拆卸建築其他部分之前，我們每個人都象徵性地揮動一把大木錘，擊潰土牆。後來，我們驅車前往京都八条都酒店，大衛在那裡訂了一套房間，準備住到覓得新居爲止。

我們在大衛的飯店套房裡坐著，啜飲提振精神用的琴湯尼，氣氛沉滯鬱悶。我們都明白，這就是一個時代的終結了，而且永無可能再在日本看到任何堪足相提並論的奇觀。突然間，浦田，一位情緒高昂的京都禪僧，迅速揮展他那把藍金撞色的摺扇，開始繞著房間打轉。他笑著，而在陣陣笑聲之間，他以如雷嗓音誦念某些語句，一遍又一遍。那便是《心經》。

幾年過去。宮殿零件在不同的倉庫間輾轉流連，終至消失殆盡。沒有人曉得那些梁柱跟銀箔拉門最終的下落。

與此同時，我揮別舊日，翻開了新篇章。我開始對歌舞伎感興趣。我瘋狂迷戀歌舞伎頂尖女形（男扮女角）坂東玉三郎的才華，所以欣賞過他演出的每齣戲碼，其中包括《道成寺》。《道成寺》講述一位舞女成功闖入寺院禁地，但一踏入禁地就化爲一條憤怒的大蛇怨靈。在本劇開頭，這位少女跟一群試圖阻撓她入寺的和尚展開一段問禪風格的答辯。

最後少女引用了《心經》的關鍵語句，令眾和尚啞口無言。觀眾席上每個看戲者都背得出這幾個字：「色卽是空，空卽是色。」被辯倒的和尚只好允許少女踏進寺院土地，後來，在蛇靈纏繞寺院的青銅大鐘，以熾灼體熱將大鐘融化時，這些和尚才對他們的決定後悔莫及。這便是我與《心經》的第二次遭遇。我在日本接下來的幾十年間又反覆再三地與《心經》相遇，因爲它早已滲透進此地文化的各個角落：政客會引用它，商家也把它當成圖案印在扇子、手提包與領帶上。

瑪格麗特．尤瑟娜的扇子

一九八〇年代初的某日，當時已成爲我朋友的玉三郎請我去一趟他在東京歌舞伎座劇院的後台休息室，爲一位來自法國的訪客擔任口譯。她是一位年長作家，受日本的「稍縱即逝」（evanescence）狂熱深深吸引——亦即，所有事物只存在於寶貴的僅僅一瞬之間，好比櫻花只盛開一週，接著花瓣就隨風散逝；此外，她還想向玉三郎問些歌舞伎的問題。進入休息室後，我的心跳漏了一拍，我領悟到這位不是什麼尋常的訪客，而是赫赫有名的法國作家，瑪格麗特．尤瑟娜。

我還是個青少年時，常常跑上維吉尼亞州亞歷山卓市家中的積灰閣樓，讀我父母堆在那裡的書，其中一本就是尤瑟娜寫羅馬皇帝哈德良的宏大歷史小說巨作《哈德良回憶錄》。結果她本人在現實中比我想像的還要宏大：她裹著貌似層層灰色破布的衣物，身姿偉岸，猶如一尊跋扈飛揚的羅丹銅像居高臨下。

稍後尤瑟娜來到我當時定居的京都，我們展開了一段交情。我帶她參訪我最鍾愛的幾間寺院，她會對我講些哈德良大帝與法蘭西學術院[2]的故事。某日，我們走訪京都，我發現一把藍地金字的《心經》摺扇，就像當初禪僧浦田在八条都酒店裡揮舞過的那一把。我買下摺扇送給了尤瑟娜，她便把摺扇收進她那正字招牌的巨大灰色皺褶垂幔裡。

尤瑟娜對它著迷到生出了興趣。她深受經文背後的哲思吸引，卻也對扇面上纖巧的書法好奇，使得我開始跟她談論書法——那正是我九歲在小學裡初識中文字以來的熱情所在。尤瑟娜最後提議我們應該合寫一本《心經》之書：我揮毫題字，她振筆撰文。但這件事從未發生。她返國後不久，我就得知了她的死訊。他們告訴我，尤瑟娜直到最後一刻都還留在身邊的物品，就是那把寫有《心經》的摺扇。

當時是一九八七年。此去又是三十餘年，現在終於是該寫出這本書的時候了。但少了尤瑟娜，文章必須由我自己動筆。

2 尤瑟娜在一九八〇年獲選爲法蘭西學術院（Académie Française）院士，是歷史上首位女院士。

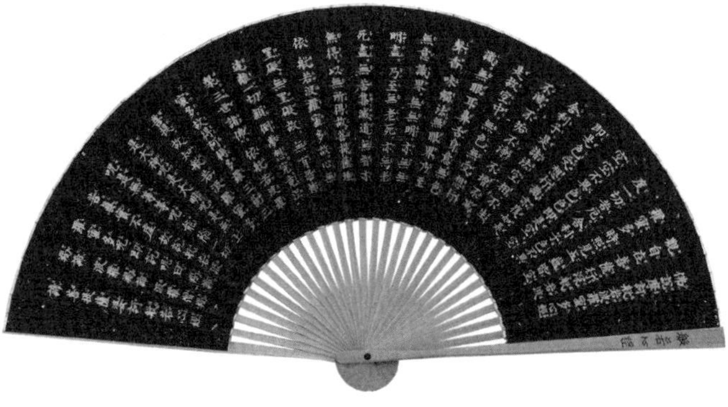

般若經

「經」（sutra。重音應放在 a 上）是佛教典籍。現存成千上百部經文，篇幅有長有短，來自不同時代，有些是在史實上的佛陀過世許久之後才問世。起初由印度發跡的佛經，向外傳播至圖博、中國、泰國，以及如今已成爲佛教世界的更遠所在。

《心經》歸於《般若經》的範疇，此範疇的經文起碼有三種版本傳世：十萬行的稱作「上本」，兩萬五千行的爲「中本」，又稱「大品」，而八千行的爲「下本」，又稱「小品」。

在佛經的源頭印度，言簡意賅從來不是智慧的精髓[3]。最早的經文作品，據信是在西元前六至五世紀間，由佛陀釋迦摩尼親自口述，再由他人寫成梵文，以俐落直截的語言宣揚佛法。但後來經文又被寫下時，文字被添上額外的渲染、反覆，以及更多細節，直到佛陀那張簡樸的打坐墊子脫胎換骨長成了一座高聳的歌德式大教堂。數個世紀以來，這些文字堆砌得越來越高，終至成就爲壯麗的拱頂與尖塔。

《心經》抄了一條繞過以上種種的捷徑。它是一份摘要，一份刪減到極致的節本。它僅有兩百七十二字[4]，按句讀不同，能劃分成五十至六十行——對摺扇與領帶而言是剛剛好的長度。《心經》自初問世以來，就因納集了佛法智慧精髓而備受崇敬。

我們無從確知《心經》如何誕生。七世紀時，這段經文經由某種不可考的途徑落入玄奘手中——他從唐朝首都長安出發，旅步前往印度尋找佛教典籍，就如中國古典小說《西遊記》記載的一般。他在印度停留十六年後，在西元六四五年帶著上百卷經文回到長安，而《心經》就在其中。

玄奘餘生致力將全本《般若經》，包括「上本」、「中本」與「下本」的完整內文翻譯爲中文。在這過程中，他也翻譯了《心經》，並與門生窺基寫下第一篇《心經》注疏[5]。其他譯本則隨後到來。《心經》幾乎是登時廣爲人知，到第八世紀前早已在整個佛教世界中流傳。而今，北至日本、韓國、蒙古，南經中國與越南，遍及圖博與印度，每天都有上百萬人誦讀《心經》。

《心經》以其他佛教典籍無可比擬的深沉情感發聲。至於爲何如此，原因有一大部

3 化用自莎士比亞《哈姆雷特》第二幕第二景名句。
4 此字數係以日本版計：日文版兩百六十二字（比玄奘版多出「一切」二字），並加上作者選擇的版本標題十字。作者使用日文版的理由本章後論。
5 也就是《般若波羅蜜多心經幽贊》。

分在於它的語言。其他經文會讓你感覺猶如是在聽迂腐的學究講課，但《心經》讓你聽見的是某位大智慧者聰慧狡黠的言談。它的行文風格簡練，措辭優美，反覆的語韻節奏有如一首老歌縈迴腦中。

《心經》的內容——生命之爲一場空——深沉至闃暗無光之處，其激昂的籲求就藏於淵下。這份文本伸出強而有力的觸手攫獲我們，將我們拖進它那暗不透光的水中，而那水下清涼寂靜。空是不可抗拒的。

《心經》關乎的是獲得智慧，然而這份智慧是一葉扁舟，在衰滅與喪失之海漂流。爲何浦田在大衛．基德的宮殿倒下時誦念此經，又爲何瑪格麗特．尤瑟娜在醫院病榻上彌留之際還握著那把扇子，因此都有了道理。

佛教思想略史

《心經》是一篇佛教入門，給出一份便於記憶的關鍵概念摘要，這也是它人氣歷久不衰的另一原因。所以在我們開始之前，先來概覽一下這些關鍵概念。

西元前六世紀的印度，史實上的釋迦摩尼（在西方以他的誕生名悉達多．喬達摩較爲人所知）理念出發點，即生命是苦難與無常。他開示說，我們能藉由遵循「道諦」，也就是實踐善的生活方式，達到稱爲「涅槃」的超越境界。

理論看上去就是這麼單純，而《心經》多少也開門見山地描述了佛陀的開示。但事情當然沒那麼簡單。大約在第一世紀，佛教開始分裂成今日所見的兩大流派：上座部[6]與大乘；上座部是較爲保守的流派，專注於釋迦摩尼的早期教義。

大乘則奠基於後來的佛經，並加進「菩薩」的概念——一個悟道成佛者雖已準備好進入涅槃，卻迴身返世，發願待一切有情存在都獲得救贖後，自己才入涅槃。上座部在東南亞與斯里蘭卡仍然壯大，大乘則往東北傳入了圖博、中國、韓國與日本。

《心經》隸屬大乘佛教，並聚焦於一個重要大乘觀念——「空性」或「空」，由西元前二至三世紀的印度哲學家龍樹振聾發聵地提出。龍樹強調，此世之物不僅無常（一如釋迦摩尼開示），而且還全盤虛空；沒有任何事物可說是眞實存在。

然而很明白的是，某些事物的確存在，因爲我們就生活在一個物質世界當中。龍樹

6 上座部（Theravada）一字語源來自古印度巴利語之「長老」（thera）與「訓示」（vada）。舊譯「小乘」爲大乘（Mahayana）佛教出於主觀評價的相對稱呼。近年已逐漸正名爲「上座部」。

的解決方案是提出「二諦」之說：我們所經驗的物質現實是一種「下諦」，而非終極眞諦——即「空」。他開示要同時接受存在與虛空——亦即上、下二諦。於是衆人將他的學派命名爲「中觀」。

「中觀」聽來中規中矩又便於掌握。但龍樹的「是如且非如」（to be and not to be）當中帶有一道無從抹消的悖論。從山洞中閉關的藏傳佛教隱士，乃至在京都打坐冥想的禪僧，世世代代的佛教徒都傾注一生來解開這道悖論。「空性」證實是人類史上最豐饒廣博的概念之一；《般若經》內的遼闊深林與數之不盡的空蕩枯山水庭園，皆由這單單一粒種子孕育而出。

辯與理

辯論精神可以說是佛教核心守則。在其他宗教中，當猶太拉比爭論安息日該做什麼，或者穆斯林穆拉[7]對在伊斯蘭教義下什麼才合法發表意見時，也都曾引發衆多辯論。但這些辯論全都是以聖典與天啓爲根據；歸根究底，就是聖書裡都寫了些什麼。

對佛教徒來說，能拿來辯的書永遠不止一本——他們有的只是一套任人加筆、持續增長、形貌不定的經典文獻，並且沒有教皇或裁決一切的最終權威。所以他們轉而運用邏輯。佛陀與其追隨者試圖展示所有觀念是怎麼合乎邏輯地依循前一個觀念而生，又是怎麼無可避免地引發下一個觀念。甲必然蘊含乙，乙又導致了丙、丁、戊。但推論並未就此停止。若更仔細檢查這段推論，我們還能發現甲存在五種類型，乙的過程中還包含六個步驟，如是以降。

研究佛學因此也就是研究列表（list）。最早的列表源於佛陀本人的話語：四聖諦、五蘊、六塵等等。僧侶藉由這種玄奘在印度時玩得不亦樂乎的經院辯論來磨練技能，並在辯論過程中想出更多列表。

這些列表開枝散葉，佛經也是如此。根據記載顯示，中國自第三至十三世紀的千年之間，有一百七十三位譯者從超過六千支捲軸中譯出一千七百多部佛經。這些經文、列表、論辯的細微重點銖積寸累，終至再也無人能夠通透全部理路。這正是《心經》鋒芒漸露的破曉時分。

7 穆拉（mullah）意譯爲先生或老師，常指受過伊斯蘭神學與伊斯蘭教法教育者。在大多數伊斯蘭世界，地區的教士與清眞寺領導者都會被稱爲穆拉。

神、佛、菩薩

至此我們都把佛教當成哲學來討論，但佛教也是一種宗教。釋迦牟尼佛的焦點在於無常及其邏輯結果，並未就靈魂或來生多費口舌。與此同時，他的思想接納印度教神祇的存在，就像基督宗教也包裹著《舊約》的猶太教。

史實上的佛陀歿後興起一種信仰，相信還有早於釋迦摩尼的諸佛，而其他諸佛也將隨後到來，特別是未來佛彌勒。所以事實上有許多佛陀存在，而非僅只一位。西元一世紀後，一場壯麗煙火大秀隨著大乘佛教一同登場，迸發出滿天神祇，因「菩薩」此一概念而光彩奪目。

菩薩之道，一如起初所設想的那樣，是人人都能追求的；此道是一種全然屬於人類的理想。不過人類距離這份理想尚有一步之遙——菩薩們為了拯救我們，已經修得各種神通。富有人望的菩薩包括觀自在菩薩（日本稱為「觀音」），慈悲的神祇，擔綱《心經》的敘述者。另一位重要的菩薩則是文殊菩薩，智慧的神祇。此外還有數之不盡的其他菩薩存在。觀音生有一千隻手臂以拯救我們，文殊則手持熊熊燃燒的寶劍，以斬斷愚癡。

比菩薩、甚至佛陀還更古老的是梵咒（mantra）[8]，那是在印度擁有四千年歷史的神奇字詞或音節。過去相信古梵文字母的每個音節都帶有奧妙神力。

梵咒自一開始就存在於東南亞的上座部佛教，如今仍有一席之地，像是泰文咒語「南無布達雅／*Namo Buddhaya*」（意爲皈依佛）。上例的語言意圖清晰，但梵咒往往是由一連串不具語義的語音所構成。十八世紀的禪僧白隱在做下重要論斷時會高呼「唵蘇魯！／*Onsoro!*」，但沒人知道這句梵咒的實際意涵就是了。

梵咒逐漸成爲中國、圖博及日本佛教的一大特色，到最後，這些音節的聲響與內容都被尊爲神聖非凡，是只要誦讀就能讓神佛登時萌生的「種子」。《心經》最後幾行是由一句被描述得至高無上的梵咒構成。事實上，整部《心經》就曾被認爲是某種梵咒，據信即使不懂經文任何一字，光是誦念或抄寫也能引出其中神力。

---

8 作者後文會將英文 mantra 再區分爲曼怛羅（mantra）與陀羅尼（dharani），故將 mantra 依此段「具有神祕力量的梵文音節」敘述，由衆多現行譯法中選用「梵咒」一譯。

全經心髓

《心經》的凝練甚至吸引了否定佛經的流派——禪宗。位居經文核心的智慧理想，已藉由完整的標題宣示而出：《般若波羅蜜多心經》。《心經》將關於智慧的所有教義濃縮成一段銘言鐫句，一串珠玉之鍊，粒粒珠玉都涵納一方思想天地，隨便一字都能擴展成十萬行的經文。

八／九世紀的日本眞言宗祖師空海在自己的《心經》注疏[9]中寫道：「一一聲字，歷劫之談不盡；一一名實，塵滴之佛無極。」（逐聲逐字地論經，可能花上永生永世依然難以完備；動員等量於宇宙中的塵埃或海洋中的水滴那麼多的諸佛，仍舊無能解釋完每一字開顯的實在。）

《心經》之緻密，讓世世代代的思想家都疲於將整部經文重新展開加以詳釋。如同安特衛普的鑽石商人將寶石抵在一小片淡藍色紙墊上檢驗其光澤，衆思想家將珠玉詞句一一挑出，透過放大鏡仔細端詳，嘗試向自己與他人解讀出這些詞句的眞正意涵。

讓這份工作更顯艱鉅的是，《心經》現存有兩種版本：印度、尼泊爾、圖博使用的「廣本」，以及其他地方使用的「略本」（請注意，在此的《心經》廣本與略本，長短差距不過二十行，不應與《般若經》的上本、中本、下本混淆）。《心經》廣本的多數內容與略本一致，只在開頭與結尾處多出幾行。這額外幾行經文交代了故事的來龍去脈，描寫端坐靈鷲山頂、面朝無數門徒的佛陀，被其中一位門生舍利子問及如何追求智慧之道。

藏文額外段落帶來的豐碩想法，是在其他地方找不出來的。雖然我多數時候仰賴日本流通的略本，但有時我會轉向圖博廣本尋求洞見。

十部之分

儘管篇幅短小如斯，《心經》仍能區分出章節段落。注疏者將《心經》拆解成由五、七、或十個部分構成的故事。空海拆成五段，他的第一章爲〈開門訣卷〉，其後每一卷都象徵登向開悟階梯的更上一層，而最後一卷當然是梵咒。我的版本則分成十個部分，這是印度與圖博盛行的分割數。我爲這十個部分各加上一段敍述該段大意的前言。

每一部分的內文我都遵循傳統，逐行處理這個故事。實際上，「行」就《心經》而言是一項虛構概念；心經由成串的中／日字元、或說「短語」組成，每個字元都獨自盛載著意義，「短語」則有各式各樣的句讀截法，因此「行」的數目可能少至五十、多至六十，而我用的經文版本則斷成五十六行。我在注疏文本時，通常會無視行與短語的斷句，而針對某個片段、甚至僅是單一字元多加著墨；這也是傳統作法。從唐朝到現代的眾家注疏者，都自由自在地著墨他人所不著墨之處；有時或許談一整個「部分」的宏觀大義，有時又注意單「行」的語意，或者聚焦於單「字」上。

回憶錄

一開始準備著手書寫《心經》時，我原本計畫是先做一段基本的原文英譯，再選增一些古往今來的注疏者對這段經文的說法。然而我一邊動筆，曾與友人共有的回憶和對話便躍然腦海，於是我領悟到我們的生命早已跟《心經》難分難捨，不可區別。

遍覽文獻後，我發現自己並非唯一感覺與《心經》產生私密連結的人。某些日本作者的著作，標題後會跟著諸如「我自己的《心經》」，甚至「一部專屬於我的《心經》」

之類的語句。棚橋一晃的專論《心經：如何通達此部大乘佛典》，涉及的史學及語文學好比百科全書，同時卻也寫滿了私人回憶。全書以一九六四年的一個場景開篇，彼時還沒成爲國際知名書法家暨作家的棚橋，首次離開日本到海外旅行。他在夏威夷參加了一個冥想團體，發現他們誦讀《心經》，心想：「這會是什麼意思？」從那時起，棚橋的《心經》體驗就與他個人的生命歷程緊密相依。

我個人最後算是織出了一塊布，這塊布是以幾世紀來的注疏者觀點爲經線，貫串首尾；我的朋友與我們之間的回憶，則如緯線穿梭其間。我東揀一條絲線、西挑一段緞帶，梭入手中織造的布疋當中。

讀音

文本的字元（日文稱爲漢字）全部源於中國。日本曾經採用中文書寫系統，而日文版《心經》的中文字元也以相同的排序使用，具備與中文絲毫不差的意義。不過，日本人讀漢字有自己的方式。通篇《心經》文本我都以日文發音，那是我習慣的版本，也是與我共渡大半日本歲月的版本。

日文在此恰好還有一個遠勝中文官話的優點。既然唐代僧侶玄奘是將佛經從梵文向外翻譯的第一人，這些譯本又隨後才流傳進了日本，使用中文發音雖看似合情合理，然而當今的中文官話與玄奘時代所說的中文已相去甚遠。好幾世紀過去，中文讀音「磨平」了，字尾子音大多已經脫落。相對於此，日文讀音經歷的變遷較少，並會在字尾添加額外母音（例如 sok 變成 soku、shik 變成 shiki 等等），與玄奘時代的中文讀音保有更爲緊密的關聯，因此也更接近梵文原文發音。

從《般若經》標題[10]的音譯就能看出差異：

梵文：*Maha Prajna Paramita*

日文：*Maka Hannya Haramita*

中文：*Mohe Bore Boluomiduo*

書法

乾、溼、濃、淡——中日書法家的筆觸，將書者的內在靈魂輸導到了紙上，有如地震儀探針紀錄下千百公里外的地動。

不過，當然了，書法本質上就是文字，每個字都代表著某些意義。書法與《心經》的關係出於以下背景，開始密不可分。玄奘晚年時的在位皇帝為《心經》寫了一篇序言，而繼位皇帝則將《心經》與那段序言銘刻在石碑上。那座立於西元六七二年的紀念碑就此奠定了「《心經》等於書法」的典範[11]。

從此以後，抄寫《心經》就被視為一種虔誠之舉。歷朝各代皇帝都會命令朝臣產出上百、甚至成千份謄本，而最精美的謄本是以金字抄寫於藍紙上，一如尤瑟娜的那把摺扇。奈良與京都的古剎老寺至今還留有抄經間，讓人在一張備有筆墨與直行紙的桌前坐下抄寫經文。寫出完美的《心經》抄本向來是每位書法家的野心所在。

那也就是為何當初尤瑟娜與我會構想以書法搭配文本，也是我為這本書加上書法的緣故。

10 漢字為「摩訶般若波羅蜜多」

11 此碑即為《大唐三藏聖教序》，文中提及為《心經》撰序的皇帝為唐太宗李世民，繼位皇帝為唐高宗李治。該碑上除了《心經》與唐太宗序之外，尚有當時仍為太子的李治所作的序，以及玄奘所寫《謝表》。以上四篇文章由王羲之揮毫，再由長安洪福寺僧懷仁臨摹銘碑。

心

經文　中日英對譯

原文漢字	日文讀音	英譯	中文白話
第一部			
摩訶般若波羅蜜多心經	Maka Hannya Haramita Shingyo	The Great Hannya Haramita Heart Sutra	偉大的般若波羅蜜多心經
觀自在菩薩	Kanjizai Bosatsu	The Bodhisattva Who Sees Freely	自由俯視的菩薩
行深般若波羅蜜多時，	Gyo jin Hannya Haramita ji	Was deeply practising Hannya Haramita, and at that time	曾深入修行般若波羅蜜多，當時
照見五蘊皆空，	Shoken go-on kai ku	He saw that the Five Baskets are all empty,	祂瞭解到五蘊全是虛空，
度一切苦厄。	Do issai kuyaku	And he passed beyond all pain and difficulty.	因此超越所有苦痛艱難。

第二部

舍利子。	Sharishi.	Oh Shariputra!	舍利子啊！
色不異空，	Shiki bu i ku	The material world does not differ from emptiness.	物質世界無異於虛空，
空不異色。	Ku bu i shiki	Emptiness does not differ from the material world.	虛空也無異於物質世界。
色即是空，	Shiki soku ze ku	The material world is itself emptiness.	物質世界本身就是虛空，
空即是色。	Ku soku ze shiki	Emptiness is itself the material world.	虛空本身就是物質世界。
受、想、行、識，	Ju so gyo shiki	Sensation, Thought, Action and Consciousness	感覺、思想、行動、意識
亦復如是。	Yaku bu nyoze	Are all just like this.	也都是這般道理。

第三部

舍利子。	Sharishi	Oh Shariputra!	舍利子啊！
是諸法空相，	Ze shoho ku so	All these ways of being are empty appearances.	這些存有的樣態全是空洞的表象。

不生不滅、	Fusho fumetsu	Not arising, not extinguished.	既不生成也不消失，
不垢不淨、	Fuku fujo	Not sullied, not pure.	既不混雜也不純粹，
不增不減。	Fuzo fugen	Not increasing, not decreasing.	既不增加也不減少。

第四部

是故空中	Ze ko ku chu	Therefore, within this emptiness	因此在這種虛空之中
無色，	Mu shiki	There is no material world.	不存在物質世界，
無受、想、行、識。	Mu ju so gyo shiki.	There is no Sensation, Thought, Action or Consciousness.	也不存在感覺、思想、行動或意識。
無眼、耳、鼻、舌、身、意，	Mu gen ni bi ze shin i,	No eyes, ears, nose, tongue, body or mind.	不存在眼睛、耳朵、鼻子、舌頭、身體或意識，
無色、聲、香、味、觸、法。	Mu shiki sho ko mi soku ho.	No colour, sound, scent, taste, touch or dharmas.	也不存在色彩、聲音、香臭、口味、觸感或法。

第五部

無眼界，	Mu genkai,	There is no world of sight,	不存在藉由視覺認知到的世界，

乃至，無意識界。	Naishi mu ishiki kai.	And the same for the rest; there is no world of consciousness.	以下皆同；不存在藉由意識認知到的世界。
無無明，	Mu mumyo,	There is no ignorance.	不存在無知，
亦無無明盡，	Yaku mu mumyo jin.	And, likewise, there is no end to ignorance.	也不存在無知的止盡。
乃至，無老死，	Naishi, mu roshi,	And the same for the rest; there is no ageing and death.	以下皆同；不存在衰老與死亡
亦無老死盡。	Yaku mu roshi jin.	Likewise, there is no end to ageing and death.	也不存在衰老與死亡的止盡。

第六部

無苦、集、	Mu ku shu	There is no Suffering, nor Causes of Suffering,	不存在苦、不存在苦的起因、
滅、道。	Metsu do.	Nor Cessation of Suffering, nor the Noble Way.	不存在苦的停息、也不存在聖道。
無智，	Mu chi,	There is no wisdom.	不存在智慧。

亦無得。	Yaku mu toku.	Likewise, there's nothing to be gained.	也不存在什麼能夠獲得。
以無所得故……	I mu shotoku ko . . .	And because there is nothing to be gained . . .	而因爲沒有什麼能夠獲得……

第七部

菩提薩埵	Bodaisatta	The bodhisattvas	菩薩們
依般若波羅蜜多故，	E Hannya Haramita ko,	Rely on Hannya Haramita and therefore	依靠著般若波羅蜜多，所以
心無罣礙。	Shin mu kege.	The heart is without encumbrance.	心中沒有累贅障礙，
無罣礙故，	Mu kege ko,	And because it is without encumbrance,	而因爲沒有累贅障礙，
無有恐怖。	Mu u kufu.	There is nothing to fear or worry about.	也就沒有什麼能夠恐懼憂慮。

第八部

遠離一切顚倒夢想，	Onri issai tendo muso,	They escape all absurdities and fantasies,	祂們從所有荒謬妄念之中解脫，
究竟涅槃。	Kugyo nehan.	Reaching ultimate nirvana.	抵達最終的涅槃境界。

三世諸佛	Sanze shobutsu	The buddhas of the Three Worlds	三世的每一位成佛者
依般若波羅蜜多故，	E Hannya Haramita ko,	Rely on Hannya Haramita, and therefore	依靠著般若波羅蜜多，所以
得阿耨多羅三藐三菩提。	Toku anokutara, sanmyaku sanbodai.	They attain supreme, perfect enlightenment.	達成無上圓滿開悟。

第九部

故知、般若波羅蜜多	Ko chi, Hannya Haramita	Thus they know that Hannya Haramita	因此祂們都明白，般若波羅蜜多
是大神咒、	Ze dai jinshu,	Is the mantra of great mystery.	是偉大的神祕咒語、
是大明咒、	Ze dai myoshu,	It is the mantra of great light.	是偉大的光明咒語、
是無上咒、	Ze mujoshu,	It is the mantra of which none is higher.	是至高無上的咒語、
是無等等咒。	Ze mutodoshu.	It is the mantra ranked beyond all ranks.	是超越一切優劣分別的咒語。
能除一切苦，	No jo issai ku,	With it one escapes all suffering.	有了此咒，就能從所有苦痛中解脫，
眞實不虛。	Shinjitsu fu ko.	It is truth and reality, without falsehood.	這是確切又實在的道理，毫無虛假。

第十部

故說、般若波羅蜜多咒。	Ko setsu, Hannya Haramita shu.	Therefore we chant the mantra of Hannya Haramita.	因此我們要唱頌般若波羅蜜多咒。
即說咒曰：	Soku setsu shu watsu,	Now we chant, saying:	現在就來唱頌咒語：
羯諦羯諦，	Gyatei, gyatei,	Gyatei gyatei,	羯諦羯諦，
波羅羯諦，	Hara gyatei,	Hara gyatei,	波羅羯諦，
波羅僧羯諦，	Hara so gyatei,	Hara so gyatei,	波羅僧羯諦，
菩提薩婆訶。	Bodai sowaka.	Bodai sowaka.	菩提薩婆訶。
般若心經	Hannya Shingyo	Heart of Wisdom Sutra	《般若經》之核心

第一部

開門

空

摩訶般若波羅蜜多心經

觀自在菩薩
行深般若波羅蜜多時，
照見五蘊皆空，
度一切苦厄。

經文以呼喚題名起首：「摩訶般若波羅蜜多心經」，將我們帶進誦讀某種既神聖、又熟悉的文字所需的氛圍，準備好再次聆聽這個此前早已聽過許多遍的故事。

在較長的藏文版開頭，佛陀端坐在靈鷲山頂，山下坐滿等待佛陀開示的隨眾。與佛陀最親近的門生舍利子問道：「何爲般若（智慧的圓滿）？」

深潛在觀想中的佛陀轉託慈悲的菩薩——觀音代爲答覆。幾乎沒在其他佛經裡出過聲的觀音從善如流，傳導出佛陀那超脫萬物、渺遠深奧，以致無從親述的觀想。

觀音告訴舍利子，佛陀已修得般若，並發現此世一切皆空。觀音沒幾句話就說到了重點——空。這是經文餘下部分致力疏通的一道智慧纏結。

但故事並未止步於空，觀音還有其他意想不到的話要說。你或許會認爲，這份空的知識會帶來虛無，甚至絕望，但觀音則宣稱事情完全相反：空帶來解脫。

摩訶

Maka – The Great

有鑒於這部經文篇幅短小，稱其「偉大」，實在耐人尋味。這個字梵文原爲*maha*，正是英文名詞 magnitude 與形容詞 magnificent 的字根。

早期中國經文編纂者選用了「摩訶」一詞，而非通常會使用的「大」字，部分原因是出自適用於無對應中文之梵文詞彙的「五不翻」原則。中文的「大」，是個不帶太多浪漫想像的日常用語；相形之下，「摩訶」聽來就頗具異國情調，暗示著某種無從測度的大。廣袤無垠。

衆注經家在這個「廣」字上大作文章。當然，初見《心經》，就好比突然發現一片無人踏足的大陸，或是不爲人知的汪洋。但何苦糾結於其廣袤無垠呢？「偉大」，正如「大不列顛」的「大」，也能指涉某些相對小的東西。十八世紀的白隱寫下一篇妙趣橫生的注疏《毒語心經》，他在文中評論：「唐飜云大。是什麼四維上下無等匹。多錯作廣博會了。君子愛財。取之有道。為我過小底般若來。」（鄉親泰半把「摩訶」理解成廣博——他們都錯了！給我來份「小」智慧！）

正如白隱的理解，大多數人都沒有打算只爲學習經世積累的智慧就拋下一切，剃度出家。我們需要的不過是一、兩個小而實用的概念，以便能在日常生活中派上用場。《心經》短到能在一分鐘內念過全篇，這是一首俳句那麼多的智慧，一份能放進口袋帶著走的智慧。

般若

Hannya – Wisdom

「般若」是「智慧」的梵文 *prajna* 的中文寫法。玄奘並未設法將 *prajna* 表達成能夠達意的中文，而是捨去字意，原封不動地保留字音。他說，般若一詞深奧微妙，無從迻譯。

既然「般若」作爲《心經》的核心觀念，自然也就誘惑著衆注疏者試圖開宗明義地加以解釋。然而我依循玄奘的作風，不嘗試闡明箇中道理。在此倒是個將智慧菩薩文殊「視覺化」的時機。

每個人都有自己的私人守護神。對《心經》譯者玄奘來說，是慈悲菩薩觀音，對我來說則是文殊；打從大衛·基德在一九七三年首次對我介紹以來就一直都是。

在大衛還坐擁宮殿的舊時日裡，每件事都在夜裡舉行。薄暮之際，友人開始群聚，大衛夜裡會在偌大的起居間內展示珍寶。在我們刺探藝術品祕密的同時，他端坐寬闊的炕床王座之上，與賓客談天之際喝著源源不絕的茶。

那時是一九七〇年代初，我們每個人都著迷於揚升意識與迷幻色彩。探索過圖博與其神祕藝術的大衛藏有一幅大型的圖博「時輪」（Kalachakra）繪畫。他向來喜愛機關裝置，就在我們凝望這幅宏偉畫作好一陣子以後，他差人將一幅複製畫帶進房間，那複製品繪於透明膠片底板，就架設在帶有機關裝置的檯座上。霎時，室內陷入黑暗，連接著馬達的「時輪」開始轉動，我們就看著黑光燈照拂下螢光色彩閃耀，伴以某個合成器演奏的帕海貝爾卡農。

在黑光燈下熠熠生輝的，還有大衛的另一尊圖博雕像，雕的是文殊菩薩——祂男孩般的身姿坐於蓮花上，一手端著書卷，另一手握著燃燒的寶劍。大衛奉文殊菩薩爲智慧與藝術的守護神，那書卷象徵知識，而燃燒的寶劍則用以斬斷無明。

後來我逐漸熟悉《心經》，發現文殊的名字雖然從未被提起，但祂就在那裡，無形中高懸於文字之上。對空海來說，文殊是整套《般若波羅蜜多經》——上本、中本、下本背後的「思想家」。以空海的話來說：「大般若一部六百卷十六會二百八十二品竝是文殊菩薩之三摩地門。」（《大般若波羅蜜多經》錄做一全集、分作六百卷、十六章，共兩萬四千八十二頁，全都是通往文殊入定的法門。）
圖博或不丹的寺廟中可見燃燒寶劍的圖像，那便是文殊用以斬斷無明的利刃。

波羅蜜多
Haramita – Perfection

一如對「摩訶」與「般若」的處理，早期中國《心經》譯者也將梵文原本的 *paramita*（日文讀作 haramita）保留下來。這個字乍看是 *para*（彼岸）與 *mita*（抵達）的組合——亦即「抵達彼岸」，由此衍生出「圓滿」之意。

由「抵達」的字面意義推演，般若波羅蜜多（「智慧的圓滿」）蘊含的意義，並非只是一種理解某事物的穩定狀態，而是一趟動態的旅程。八世紀起的眾注疏者就已經將這個詞比作船隻，載著我們從「此岸」（虛幻憂愁之世）航向「彼岸」（開悟與涅槃）。

般若波羅蜜多，既是作為目的地之「彼岸」，又是你正在航駛的那艘船。在說出「般若波羅蜜多」這串字的同時，你就吹響了古時在船長登艦時都會吹起的那聲航海哨，步上登船棧板。接著有人將這塊棧板收走，解開纜繩，將船拖離碼頭。現在你被帶往大海。

心

Shin – Heart

京都南禪寺的禪僧蓮沼良直，主張「心」一般英譯爲「heart」是錯誤的，因而不該稱此經爲「Heart Sutra」。這部經文包含的是一切論及智慧教義的凝縮精髓，所以「心」在此處應該作「大成」或「精華」解，因而正確的英文標題應爲「The Essence Sutra」。

話雖如此，或許有其他說法可以表示「精華」，但他們還是用了「心」這個字。我們大可怪罪初譯經者玄奘選中了這個字，結果就是這過去一千兩百年間的讀者與注疏者，到頭來都在思考這顆心。

中文與日文的「心」字同時代表著「心臟」與「心靈」（「識」），同時指稱我們用以思考與用以感受的兩種心。這使得玄奘個人深受吸引、後來又進一步影響禪宗的佛教學派就名爲「唯識」，這或許並非巧合。該學派傳授道：唯一眞實存在的，就只有個人的一己心識。

若說西方傳統中有哪一本著作最貼近《心經》的精神，那就是由古希臘哲學家愛比克泰德的思行編纂而成的一本簡短手冊。愛比克泰德的言說在西元二世紀由門生阿里安傳承，收錄成一本題名爲《手冊》的小書。這份簡短的斯多噶派智慧指南，在晚近時代進一步對西方啟蒙運動造成了巨大影響，並能見於啟蒙巨擘如拉柏雷、亞當・斯密以及湯瑪斯・傑佛遜的藏書。

《手冊》的第一行寫著：「存在我們能力範圍內的事物，也存在我們能力範圍外的事物。」據愛比克泰德所言，超乎我們能力範圍的，即爲周遭一切外在物體，以及世上發生的所有事件。這些事物的來去我們無能掌控；唯一還可能有一絲半點如我們意的，就是自己的心。

《心經》要傳授的也是如此：在我們自身之外，終究是空無一物，無以憑依。這道領悟或許看似蒼涼，卻也能成爲力量的泉源。正是這條仰賴一己之心的原則，讓尤瑟娜在離世之前一直將那把摺扇留在身邊。

經
Gyo – Sutra

「經」（日文讀作 kyo 或 gyo）原義爲「線」，指的是將書頁縫合成冊的線。中國人一開始以此字爲儒家經典命名，例如《易經》或《詩經》等等，接著佛教在西元前一世紀後由印度傳入，中國譯經者就借用此字表示佛教典籍。

佛教傳入中國的早年，中國人對佛經有種深切的渴望，認爲佛經是世上最珍貴的寶物。那便是促使玄奘踏上前往印度十六年遠征的動機。西元六四五年，玄奘帶著繁浩經典返回長安——上百部佛經，裝成數十個箱子，馱在大隊馬背上。成千上萬人在首都列隊，見證這趟西方取經的凱旋。這所有的佛經當中，就有一篇寫在一小張紙上的《心經》。那是玄奘的私人禱文。

十六世紀中國小說《西遊記》描述玄奘與他的神奇旅伴孫悟空與豬八戒，歷經多年艱辛，穿越荒漠，翻越峻嶺，終於抵達佛陀的殊勝居所。當他們索請經書，以帶回東方的唐朝時，佛陀指示祂的門生暨藏經閣管理人阿儺與伽葉取經書交給他們。然而回到藏經閣後，阿儺與伽葉竟然向玄奘索討賄賂。玄奘拒絕給付，於是兩人就交給三藏一卷卷的白紙——無字眞經。

發現這樁詭計之後，玄奘帶著悟空與八戒重返佛陀宮殿。悟空在那裡怒氣衝天地斥責藏經閣管理人竟敢交給他們空白經書。「你且休嚷，」世尊帶著微笑回答，「你如今

> 空手來取，是以傳了白本。白本者，乃無字真經，倒也是好的。因你那東土眾生愚迷不悟，只可以此傳之耳。」[1]

阿儺與伽葉會給他們一套新的經書，但唯有玄奘先同意拿他的紫金鉢盂來交換。根據《西遊記》所述，玄奘最終就是這麼獲得要帶回中原呈獻給唐朝皇帝的佛經。

經文到手並非不費代價。而玄奘帶回去的佛經，看在其深奧分上，並不是最究極的經文；那些不過是仍然擱在佛陀藏經閣裡的無字眞經替代品。

1 出自《西遊記》第九十八回〈猿熟馬馴方脫殼，功成行滿見眞如〉。

觀自在菩薩

Kanjizai Bosatsu – The Bodhisattva Who Sees Freely

「自由俯視的菩薩」（Bodhisattva Who Sees Freely）是觀自在菩薩，慈悲的菩薩。此處翻譯有些蹊蹺。在絕大多數佛經（以及現今幾乎每間中國或日本寺廟）裡，觀自在菩薩都被稱作「觀音」或「觀世音」（日文讀作 Kannon 或 Kanzeon），意爲「體察世間聲響」。「觀世音」是早期中國譯經者想出來的表達方式，此後依然流行，因爲這種譯法能夠生動傳達出菩薩的慈悲。不過，性格呆板又學究氣的玄奘，回顧原本梵文 *Avalokiteshvara* 的組字法，譯出自己的版本。

Avolokita 的意思是「觀」，由表示「遠離」或「往下」的 *ava*，以及與英文「look」一詞有所關聯的 *lokita* 組成。該名詞的後半部分 *ishvara*（或作 *eshvara*）意思是「尊者」或「大威能者」，由此衍生出「駕馭精通」之義，再加以延伸而譯成「自在」。前後兩

段湊在一起，玄奘便將此名詞譯成「觀自在」，意爲「自由俯視的尊者」。這種譯法的詩意略遜於「觀世音」，但就《心經》來說，玄奘的版本則沿用了下來。

我們能看出玄奘對這個譯法格外引以爲傲。他的門生窺基在著手撰寫第一篇《心經》注疏時，對此譯法著墨甚多，寫道：「言觀音詞義俱失。」。所以玄奘當初的考量值得我們一番推敲。

首先，「觀自在」帶著一種解放感。回首大學時光，我在日本南部四國島的祖谷溪山區買了一間老茅屋，屋內地板中央有一方冒煙的地爐，上頭有一只被炊煙燻黑的茶壺，以懸在椽梁上的一根長長竹竿掛著。那根竹竿的日文便稱做「自在」。

幾年後，我初次自行閱讀《心經》，又撞見「自在」一詞。我當時沒意會到這指的是觀音（我以爲觀自在應該是別的菩薩），便將其解讀爲「自由懸掛空中眺望的菩薩」，還想像有一位菩薩高掛於雲間繩索擺盪著。我猶能感受到當時讀到這幾個字時所體會的一碧如洗與無拘無束之感，心想，這豈不會就是玄奘嘗試表達的自由感。

Ishvara 除了「自在」之外，還有「尊者」的意思，是偉大神祇的稱謂，在更晚近的時代尤其用來指稱印度教神明濕婆的化身。玄奘本人可能並非心懷此意，卻使得佛教信眾開始相信，在某種神祕境界當中，觀音與濕婆本爲一體。濕婆是印度教神祇當中的破

壞者，但也是宇宙之舞的演出者。如神像表現的那樣，祂跳舞時單腿抬高，掌臂向外延展，整個世界就繞著祂旋轉。

大衛．基德在共產黨逐漸於一九四九年全面掌權之前的幾年住過北京，而在他還沒成爲美術品商人之前的早年日本生涯當中，他寫過一系列敍述自己中國生活的文章，並且被《紐約客》相中。他的事業一帆風順，直到他試著寫點無關中國的故事。有一次，他讀了一份壓在抽屜底的泛黃手稿給我聽。

那故事講的是一名住在美國某處市郊的中年男子，他夜半醒來，準備走下樓梯。但就在他的腳卽將觸及下一階時，他突然變身爲神聖的濕婆。他的皮膚變成藍色，手腳旋轉，跳著狂喜出神的舞，同時大片閃亮銀河往他身邊席捲而來，延伸至無限遠處，歷時無限長久。一秒後，他的腳踩上了樓梯間，靈視結束。他在樓梯間迴身上樓，回到熟睡的妻子身邊，向她輕聲耳語道了晚安，接著走下樓踏出前門，將一切拋諸腦後。《紐約客》退了這篇故事的稿，大衛．基德就再也沒寫過下一篇。

如經文開頭所寫，慈悲菩薩卽將要對我們揭露萬物的虛空。但慈悲菩薩只是濕婆的化身之一；在觀音身後，你能看到濕婆在渦旋天體間迷亂狂舞的影子。

行深

Gyo jin – Was deeply practising

「行」（修行，可當名詞或動詞）是僧侶在寺廟中訓練時進行的活動。這是一種磨練、一種考驗，永無止盡。修行，達到新境界，再修行。

我等了三十年才提筆書寫《心經》，同時也發現自己如今垂垂老矣。而身處理應更加洞悉世事的年紀，我失望地發現，自己在面對生活出現新危機時，仍舊毫無準備。每次發生新問題，我都需要重溫許久以前就早該學會的安忍與慈悲課題。從前，我以爲年紀會給我一點智慧與寬心；但並沒有，這就是一道永無止盡的「行」。

這個在經文接近開頭處就出現的「行」字，道出了爲獲取（並保有）智慧所涉及的功夫與力氣。「行」字悄悄從多數注疏者的利眼下溜走，他們對哲學高調更感興趣，而不是明白的折騰苦工。不過，「行」或許就是本經最重要的文眼之一。

寫下史上第一篇《心經》注疏的玄奘門生窺基，就花了許多篇幅——超過全文三分之一那麼多——來解釋這個觀念。對窺基而言，《心經》最首要的功能，就在於「鼓勵修行」。

「行」不只具有「修行」這個額外詞義，它的基本意義是「走」、「前進」，衍伸爲「到達」與「穿透」。這行經文的另一種讀法是：「已透入般若波羅蜜多的最深處」。「修行」代表達成此目標所需的苦工；「穿透」則意謂跋涉到最遠的彼端，直到藏於海床蚌殼內的珍珠到手。

不論是哪種解讀，在此的關鍵詞都是「深」。慈悲菩薩觀音早已深潛至無人知曉的智慧汪洋之下，現在，祂準備要告訴我們在那裡的見聞。以這一字「深」，經文開始遁入閩闇之境。

般若波羅蜜多

Hannya Haramita – Perfection of Wisdom

般若波羅蜜多，如我們所見，表示「智慧的圓滿」。但在經文這麼前面之處，這些字詞只是隱晦、模糊的梵文音節。我們對觀音談論的事情仍然毫無頭緒。

在經文開篇時，佛陀深潛於觀想之中，宛如搭乘一座潛水鐘，沉入光線穿透不了的海洋深處，他在那裡發現了一處完全靜止、形式超越一切形式的世界；但這種知識無從傳授給只曉得水面上陽光燦爛與浪花翻攪的人。

佛陀請觀音試著對你我揭露這片幽暗之境，而觀音的挑戰就在於找到能讓我們理解的詞彙。但在我們嘗試探究般若波羅蜜多的眞義之前，首先該認識她。

若我們細究梵文語法的枝微末節（某些《心經》學者很愛這麼做），般若波羅蜜多的女性身分便一目瞭然。結果能發現，在梵文中，*paramita* 的 *-ta* 是陰性字尾，這讓般若波羅蜜多化身為一位女性。她起初是一個哲學觀念，隨著時間推展就自成一位女神。從爪哇到吳哥窟，一路到圖博，這些地方的人以雕刻與繪畫將般若波羅蜜多女神製成神像，並加以崇拜。

東正教教堂也崇拜以女性形象呈現的智慧之神，也就是索菲亞（Sophia）。十九與二十世紀，某些俄國神祕學流派甚至將索菲亞的地位推崇至聖三位一體的高度，並認為兩者全等，不過這種見解很快就讓教堂找上他們麻煩就是。索菲亞後來持續在西方靈性主義中作為驅動宇宙的原始心靈或神祕智慧，因而占有一席之地。看來，人類精神當中存在著一種將智慧視為女性的原型。

般若波羅蜜多被稱為「萬佛之母」。中國早期譯經者對此有高度覺察，使得他們將這部經文題名為《聖母經》；而藏文版標題仍然寫成《聖佛母般若波羅蜜多心經》。

印度人與圖博人在誦讀《心經》之前，都會進行召喚這位女神的儀式。十一世紀印度智者達利噶巴曾寫了一節韻文描述般若波羅蜜多的視覺形象。首先請以你的心眼想像宇宙中心須彌山那參天的頂峰，山下有四片大陸相圍與七圈山脈包繞。女神就安坐於巔峰之上：

須彌山頂矗華宮，
雕梁畫棟廣無邊。
雄獅寶座安正中，
蓮花大日充褥墊。
紅膚王母展姿容，
金身四臂豐腴面。

時

Ji – At that time

「時」是本經唯一一個時間詞彙，是一個文法分詞，表示「當時」或「當下」；若作爲一個獨立的字，就單純代表「時間」。七／八世紀的注疏者法藏對這個字則有其他解讀。他說這個字代表的不只是誰可能說些什麼平凡話語的任何日常時間，而是菩薩的靈性發展中一個特別的瞬間。此「時」爲「時機已到」的「時」。

在五世紀的中亞僧侶鳩摩羅什所譯的早期版本中，更完整地提及時間，內有額外的幾行經文如下：「是空法，非過去、非未來、非現在。」玄奘雖然在自己的譯本中泰半沿用鳩摩羅什的措辭，但他刪去了這句，好讓這部經文實實在在地「無時間」。也有論者提出，玄奘或許是爲了讓語韻更佳才刪去這句；《心經》的其他每一句都包含彼此均衡的一對概念，但「過去、現在、未來」是三個一組，於是最後就被排除在譯文之外。

這也讓我們想到《心經》內秉的音樂性。這不但是一篇哲學作品，更是一首詩。

照見

Shoken – He saw that

「照見」，英譯爲「he saw—他見過」，並不是個尋常的複詞組合：「照」（投射光線）與「見」（看）。透過這個詞，光線打進了經文裡。

佛陀證悟果道後，於洞窟內觀想，自祂身上散發出的光線照亮了黑暗。這種輝光說明了佛像爲何都是金色的，而且安座於壁龕當中（象徵洞窟），又爲何佛像頭部與身軀都繞上了光暈與翻旋火焰。《妙法蓮華經》寫到，佛陀光是雙眉間的一根白毫就照亮了一萬八千個世界[2]。

2《妙法蓮華經》〈序品第一〉：「爾時佛放眉間白毫相光，照東方萬八千世界，靡不周遍，下至阿鼻地獄，上至阿迦尼吒天。」

大衛・基德的朋友圈子裡有一人占有分外尊榮的地位，那人名叫威廉・吉爾奇，是一位來自奧克拉荷馬州奇克謝市的鋼琴家，一九四〇年代住過北京，之後遷居日本大阪，一住就是好幾十年。吉爾奇當年定居在龜岡市一間小房子裡，就位於我所住的京都周邊，他也因此成為我們其他友人的某種古代靈性導師。他頂著光頭，鬍鬚纖細，雙眼放光，看起來活像《星際大戰》裡的尤達大師。他對靈性之光懷有許多高見。

閱覽巨量靈性主義文獻的吉爾奇會向我分享其中精華，省去了我自己閱讀的苦工。他是個靈媒，也是個賢者，這便是大衛對他以此等敬意相待的原因。

吉爾奇能停息降雨，還精通其他神祕學技巧的運用之道。但更重要的是，他會說到點亮我們內在之光的法門。這種光芒力量之強大，可以成就大量善舉，也能夠傷人。正如吉爾奇警告我們：「這完全不是常見的光，這是不可能在陸上或海中找出的生命力之光[3]。」

我們當然更有興趣看吉爾奇停雨，但他很少這麼做，除非那天是洗衣日。

---

3 十九世紀德國科學家萊亨巴赫（Carl Reichenbach, 1788-1869）提出一假說，認為在電、磁、熱三種能量之外，尚有一種生命能量存在，並以北歐神話主神奧丁（Odin）之名，將此能量命名為 Od，英文形容詞作 odic。

五蘊

Go-on – The Five Baskets

觀音菩薩用祂的智慧之光照亮的第一項事物是「五蘊」。「蘊」是玄奘對梵文*skandhas*的譯法（字面意義爲「積聚物」）。五蘊是一份關鍵的佛教列表，可追溯至佛陀的初次佈道。五蘊之首爲物質世界（色蘊），其他四蘊則是我們感知、對待物質世界的方式：感覺（受蘊）、思想（想蘊）、行動（行蘊）、意識（識蘊）。

佛陀之所以把這些稱爲「積聚物」，乃是因爲它們生自混雜的外在影響之中，變動不居，本質上並無實體。玄奘用了一個具體的「蘊」字[4]，來表達「積聚物」乃是種種

4 作者在此是以英文basket同時表示「相關物組合」與「籮筐」的雙關發展後文。中文「蘊」古義爲叢生水藻，以此衍爲「積聚」，並無與具體容器相關的衍義。

事物的「澎湃包」（mixed bag），既包容了我們的生命與個性，也收納了我們從周遭世界感知到的其他一切。

如今我們不妨把玄奘的「籮筐」改譯成「肩包」或「背包」；朝那裡面瞧瞧，你會找到淚水與歡笑、孩子、房屋、天氣、山岳、地球、宇宙。

皆空

***Kai ku* – Are all empty**

「空」位居《心經》的核心。

空是這個宇宙的太初虛無，梵文作 *sunyata*，是西元二／三世紀佛教大哲龍樹提出的概念。龍樹開示，萬物既然變動不居，又與不可考的多重肇因相依，那麼它們本身就只是沒有實存的短暫現象。相信此生有任何固有實在，就是一種自欺。

龍樹的空性概念確實激進，但要補充的一點是，他並非無中生無。空的種子在佛教誕生之初就已播下——就是涅槃的極樂滅境。佛陀從未在任何地方提到創造神，更甚者，早期佛教徒也已否定永恆不滅靈魂的存在，他們將無常的定律套用在靈魂上，並稱之爲「無我」，或說「非我」。

在這個層次上，佛教顯露出深厚的無神論根源。那是一種存在主義，遠早於法國哲學家聚在巴黎咖啡廳裡抽著菸思考上帝不存在所導致的確切後果。如你在寺廟中所見，佛教四處都是外顯的崇拜儀式象徵、金色神像、青銅琺瑯法器、鐘磬與焚香。若你細究佛教哲學，就會發現這些器物當中找不出救贖。這些器物正如其他一切，根本上都是空。

大衛．基德在他的宮殿頹圮前後，投身於一個衍生自神道教的宗教——大本教。大本教發祥於京都附近的龜岡市，吉爾奇與我最後也都在裡面工作。大本教當時忙於籌辦跨宗教研討會，並贊助過一場全世界宗教領袖的大型集會，而我就是會場翻譯之一。當時的與會者包括泰國與圖博佛教僧侶、天主教樞機主教、東正教主教、穆斯林伊瑪目、印度古魯、猶太教拉比、非洲原住民酋長，其它不勝枚舉。

研討會最後，各宗教代表決定頒布一份公報，記載一段每種宗教都能同意的簡明宗旨。當然，這份公報不能帶有「上帝」這樣的字眼，因爲每種宗教都有不同的稱呼。協調後的決議如下：「我們都相信有一種更高層次的力量存在。」每位代表都準備要簽署公報了，結果斯里蘭卡佛教徒卻表示反對。「至高神或更高層次的力量，到頭來都是不存在的。」他們這麼說。「我們佛教徒除了涅槃的空無，其他什麼都不信。」

眾與會人士只好撕掉公報，空手而歸。

度

Do – And he passed beyond

跨越江河或海洋到達彼岸的概念，如一聲大鑼回響，在整部經文中迴盪不去。我們首次聽到這個概念是「波羅蜜多」（圓滿），如上文所見，是由代表「抵達彼岸」的字詞衍生而來。這裡則有另一個具有相同概念的措辭，意思是「越過」。

若我們先跳到《心經》結尾，就會發現一段神祕咒語：「羯諦羯諦」，這可以譯成「越至彼側」。經文首尾分別以「抵達彼岸」與「越至彼側」包夾，通篇又點綴著涉及「越過」與「抵達」的字詞，這部經描述的正是一段旅程。然而，這並非一趟途經城鎮名勝的陸上之旅；一如影射「彼岸」的詞語所示，這是一趟橫越開闊單調的汪洋，航向未知海岸的航程。

法藏便稱《心經》爲「濟苦海之迅航」[5]（驚濤駭浪上的一艘快船）。

5 法藏《般若波羅蜜多心經略疏》

一切苦厄

Issai kuyaku – All pain and difficulty

「苦」是佛陀開示的第一條眞諦。這背後的故事是這麼說的：悉達多王子悄悄逃離皇宮中備受保護的生活，就在城郭外看見一個老人、一名病人與一具屍體，這些人物促使他開始了靜觀冥想的生活；但是他並非立刻就付諸行動，而是先在另一夜返回宮中，與後宮女子飲宴作樂。

在大衛．基德那宮殿的告別日上，正當我們輪流揮動木槌，敲倒灰泥牆的同時，還留在會客廳內的最後一件物品是一幅巨大的掛軸，繪於一九二〇年代，長三米、寬兩米。端坐畫面正中央王座上的是一位年輕俊美的男子——悉達多王子，然而那面容憂慮重重。他的腳邊有一群女人，根據傳說，她們全都突然睡去。女人們個個體態豐美，袒胸露乳，肌膚紅嫩，指甲塗施丹蔻。在悉達多頭上，身裹褐色袈裟的衆菩薩如鬼魅般飄浮，揮手示意他離去，追求更純粹的生命。

畫面中，年輕體健的準佛陀處於完美的均衡狀態：一邊是他方才享受過的肉體歡愉，另一邊是他剛剛下定決心對此歡愉的棄絕。這是一幅展現極度高潮與飽和感的肉慾圖像，但在同一瞬間，卻也表現出離棄這一切的決心。年輕佛陀眼中透露出曖昧難解的神色，那是由於他領悟到方才享受的歡愉不過是轉瞬卽逝，他在城郭外見證到的痛苦才是此後必須面對的眞實。

衰老，患病，然後死亡。既然佛陀開示曰，既沒有永恆的靈魂，也沒有金碧輝煌的天堂或全知上帝來收留我們，唯有涅槃的空——那麼我們又該如何應對苦厄？

觀音菩薩告訴我們，答案就在於空本身。

第二部

色與空同

舍利子，
色不異空，
空不異色。
色即是空，
空即是色。
受、想、行、識，
亦復如是。

不是每個人都能背出整部《心經》，但只要對《心經》有個一知半解，通常都會留意到這四句，亦即當年的歌舞伎觀眾馬上就能認出的：

色不異空，
空不異色。
色即是空，

空即是色。

「色」（物質世界；梵文爲*rupa*）爲五蘊之首，對立於「空」：萬物背後的巨大虛無。「色」是包羅我們的感覺、情愛、性慾、快樂、病痛與憂愁的世界——放眼人類之外，則是物理世界中的所有一切：晝夜、銀河，乃至時空本身的生滅——全都淹沒於洶湧搖盪的無常之海。這是濕婆狂亂的宇宙之舞、壯觀的萬花筒幻象，但也是我們活過此生的所在。

「空」與「色」相反，是純粹靈性的國度，盤桓於超脫一切物質之處。那是安靜的、純粹的、空虛的。那是似乎位居次原子粒子核心的無物；那是在臨終瞬間餘下的巨大空白。

這四句總結了龍樹的「二諦」概念，亦即：「色」與「空」就是同一回事。這說起來容易，但舉個例子，假設你正幫助你生病的孩子，或是正爲了能改善世界的大義而戰——你該不該因爲明白到頭來一切皆空，而直接轉身就走？

另一方面來看，假如世界的物質主義就是存在的一切，那麼我們或許應該屈服，崇拜金錢、性愛與權力，並接受事情就是這樣。但我們靈魂深處都知道這是不對的。

圖博人稱這四行經文爲「四奧祕」（Four Profundities）。實際上這裡只有一個奧祕，以四種不同形式反覆，以利我們漸次理解。這是《心經》文本中最難破解的謎，也是催生出一千部佛經的概念。

經文後續補充道：「受、想、行、識，亦復如是。」不只外於我們的物質世界是虛無的幻象，就連我們所思、所感的一切也是如此。

舍利子

Sharishi – Oh Shariputra!

舍利子是佛陀最親近、最喜愛的門生之一，也就是問出何爲「智慧的圓滿」那位，所以這答覆是說給他聽的。

觀音呼告了兩次舍利子，提醒了我們《心經》並非一篇白紙黑字的文章，而是某人爲另一人講述的話語。這是對話，不是授課；而一如所有對話，眞意無法盡達。

舍利子不善辯。佛教著作有時將他描繪成最具慧根的門生，有時卻又是才智有限的愚者，他的主張會被更聰明的人物輾壓過去。在某部經文中，舍利子與一位天女辯論女人能否開悟得道。舍利子本以爲這是一場易勝之戰，但天女扭轉乾坤，把他也變成一位天女。天女挑戰舍利子，要他自行從女身變回男身，但他沒辦法[1]。

可憐的舍利子，輕易遭人玩弄迷惑，代表著你我這些不完美的今日讀經人。

1 《維摩詰所說經》〈觀眾生品〉第七，通稱天女散花篇。

色

Shiki – The material world

一八六〇年代日本開國，西化來臨，翻譯成爲一項艱鉅挑戰。數以千計的西洋詞彙，諸如freedom、politics、economics、diplomacy、electricity、train等等，都毫無對應詞彙，早年的翻譯者必須想出表達這些詞彙的創意方案。中國在數十年後才現代化，所以許多現代中文詞彙實際上或許都得回溯十九世紀的日本。

佛教思想傳入中國則耗費更多翻譯功夫，所需超過五百年間數百位譯者的努力。早期中國譯經者要克服的難題是如何翻譯深奧的印度哲學概念，像是*anatta*（非我）與*nirvana*（涅槃）。最難以中文表達的概念，其一便是*rupa*（色）。

*Rupa*的意義包括有形物體，如火與水；感覺，如愛與憎；對美麗、財富或權利的渴求。譯經者因著詩彩洋溢的神來一筆，以一字「色」（日文讀作shiki）表之。「色」

的字面意義爲「色彩」，也能表示「色情」。此即歌舞伎劇目《道成寺》中，穿著招搖紅色和服的舞女在使用這個措辭時，之所以帶著一抹誘惑微笑的緣故。「色彩」與「色情」都源自血肉之軀，因此是用來表示 *rupa*——「物質世界」的完美選字。身爲善良佛教徒，不該爲美人、金錢或鮮豔色彩而心生動搖；不過，當然了，我們都會因此動搖。因此這「色」字還帶有些許淘氣。

以「色」開頭的這一句寫著：「色不異空」（物質世界無異於空），與隨後的三句正是《心經》熊熊燃燒的恆星核。龍樹開示，儘管萬物終究皆空，我們還是不該向虛無主義屈服；那太便宜行事了。空只是故事的其中一面，而色則是另一面，我們需要同時心存故事的這兩面。

圖博僧侶索南仁謙格西會說，我們就像走在一條窄道上，一側下探無底深淵，另一側山壁卻滿布帶刺鐵絲網。假使我們選擇虛無主義，便會墜入深淵；如果靠山壁太近，又會被一場糊塗的人生織成的帶刺鐵絲網纏住。此後我們既不能繼續前行，也無法返回來時路。我們都進退兩難。

不異空

Bu i ku – Does not differ from emptiness

空並不是說這個宇宙空無一物。這個問題長期以來讓東西方哲學家煩心不已。十八世紀倫敦，當「非存在」這個話題出現在山繆．約翰遜與詹姆斯．博斯韋爾[2]的對話當中時，約翰遜用力地踢了一塊石頭，用力到連自己都反彈回來，以證明有形物體相當眞實。但龍樹依然會將那顆石頭視爲虛空，因爲萬事萬物，就算是最最堅硬的石頭，都缺乏恆常不滅的實體。

在佛教文獻中經常會碰見的術語是「因緣」（dependent origination），是一種表達一切事物彼此相依的說法。石頭從岩漿流中產生，累積爲沉澱物，然後受水與風侵蝕殆盡；石頭由化學物質組成，具備由原子鍵結與電磁場衍生出的突現性質（emergent property），並且受制於地球本身以及將地球拉在繞日軌道上的重力；這顆石頭的重量、顏色、位處於會被人踢到的正確定點上……這些事情之所以會發生的原因無窮無盡。有數之不盡的事情必須先發生，才能將那顆石頭帶到約翰遜博士的腳邊，並且在那恰好的時機碰觸到他的腳。探究得越是深入，那顆石頭就顯得越是無從捉摸，朦朧不清。

越南的一行禪師不用「因緣」這種累贅的措辭[3]，而是稱之爲「相卽」（inter-being；互相依存）。他拿起一張紙說：

> 如果你是詩人，你就能明白看出有朵雲在這張紙裡飄著。沒有雲就不會有雨，沒有雨就不會長樹，沒有樹就不能造紙。那朵雲對這張紙的存在而言十分必要。假如那朵雲不在這裡，那麼這張紙也不會在這裡。所以我們能說，那朵雲與這張紙「相即」。

---

2 約翰遜（Samuel Johnson, 1709-1784）爲英國文豪，以編纂出《英文字典 *A Dictionary of the English Language*》爲人所知。博斯韋爾（James Boswell, 1740-1795）是約翰遜提攜的後輩，也是貴人暨恩師的傳記《約翰遜傳 *The Life of Samuel Johnson, LL.D.*》作者。

3 相對於「因緣」一詞的英文說法「dependent origination」而言。

從前——也就是到一九七〇年代爲止——一般假設因果關係本身相當直接明確。雲帶來雨，雨帶來樹，樹帶來紙。十分恰巧，正是對雲的研究帶來了一些令人震驚的結論。氣象學家愛德華·羅倫茲證明了雲「對初始條件敏感」——亦即，只需要一個單點上的微小變化，就能對更遙遠的彼處造成劇烈影響。他稱此理論爲「蝴蝶效應」，根據這個理論，一隻在巴西的蝴蝶拍動翅膀，就可能導致德州颳起龍捲風。

數學家與物理學家才著手研究蝴蝶效應，隨即便理解「初始條件敏感性」無處不成立，不僅適用於天氣系統，幾乎更可套用於這個宇宙中的所有事件。這看似荒謬。大型物體產生大型效應、小型物體產生小型效應，應該理所當然吧？結果事物竟然並非如此運作。我們能在一首古老英文兒歌中一窺「初始條件敏感性」的實際運作：

缺了鐵釘丟馬掌，
缺了馬掌丟良馬，
缺了良馬丟騎手，
缺了騎手丟戰令，
缺了戰令丟勝仗，

缺了勝仗丟王國，
全因馬掌缺鐵釘。

結果「相卽」使我們不只相繫於雲朶，更與遠方農場裡的某根鐵釘、巴西的某隻蝴蝶、還有其他我們未知的某物有所牽連。

既然宇宙中的所有事物全都彼此相依，我們也只是發生在某處事件的映照倒影。同時也就是說反之亦然：這個宇宙正是我們的映照倒影。你我就涵納著整個宇宙。

《華嚴經》當中寫到，宇宙之王因陀羅[4]有一張網，那網上每個網結都有一顆珠寶點綴，每顆珠寶又都映照著其他珠寶，彼此共享、又反射其他珠寶的部分光彩。唐朝僧侶法藏嘗試向武則天解釋這個概念時，布置出一間他稱爲「鏡廳」的房間，房中每面牆上都是鏡子，正中央則是一尊以燭光照亮的佛像，其影像無窮無盡地在四面八方反射倒映。我們每個人也正是以相同的方式映照在因陀羅網的每一顆珠寶上，正如我們也映照

4 因陀羅（Indra）是古印度人共同崇拜的印度教主神，在中文世界以意譯「帝釋天」一名較爲人所知。

出那些珠寶[5]。

當代物理學也以「交織量子」[6]的概念，往類似的理解靠近。量子理論光怪陸離的結論之一是說，如果兩個粒子在某個時間點上曾經產生交互作用，那麼，不論彼此距離多麼遙遠，此後它們就永遠互相關聯。假如粒子甲自旋向上，則粒子乙必然自旋向下，這種關聯所儲存的訊息，也已證明傳播速度快過光速。

這正是問題所在，因爲根據愛因斯坦相對論，沒有任何事物的傳播速度能快過光速。愛因斯坦以深深的懷疑眼光看待「交織量子」，還稱它是「毛骨悚然的遠距作用」。無論如何，雖然看似不可能，「毛骨悚然的遠距作用」早已經由科學實驗一而再、再而三地驗證。

根據科學如今想告訴我們的，「相即」影響到的層面遠比我們所能想像的還要深廣。由於所有量子打從所有物質極度緊密叢集的宇宙大爆發起就彼此相聯，這也就是說我們身體裡的原子也與現存的其他原子相聯，哪怕它們位在無從設想的宇宙遠方。你我各成一個小宇宙，容納並映射著萬有。

5 本段描述可參考佛學經典華嚴宗二祖智儼《華嚴一乘十玄門》、三祖法藏的《華嚴一乘教義分齊章》與《金獅子章》等。也不妨與萊布尼茲《單子論》對照異同之處。

6「交織量子」（intertwined quanta），一般會以 quantum entanglement（量子糾纏）表示。

空不異色

Ku bu i shiki – Emptiness does not differ from the material world

定義空的另一種方式或許略顯直白：「萬物變動不居」。這是「相卽」的必然結果。佛教稱這個原理爲「無常」（日文讀作 mujo，英文通常譯爲 impermanence）。這便是挑起瑪格麗特．尤瑟娜濃厚興趣，並濡染了日本文學、戲劇的詩性「稍縱卽逝」背後的理念。

對事物處於恆常流變的領悟，早已表現在某些人類最早期的著作當中。西元前五世紀的古希臘哲學家赫拉克利特發表了一句名言：「沒有人能踏進同一條河兩次，因爲那河並非同一條河，那人也不是同一個人。」

對古代印度教徒來說，萬物永無止盡的化變，則以濕婆的狂喜之舞作爲象徵。無常也是佛陀的出發點。年輕貌美會逝去，朋友戀人必定分離，人與物都終將衰朽消散。由於萬物在湍急的宇宙巨流當中彼此相聯，沒有任何事物能維持不變久於剎那。

十三世紀的日本史詩《平家物語》以這段詩句開篇：

> 祇園精舍的鐘聲迴盪著萬物的無常。沙羅花的色澤現出盛極必衰。驕傲無法長存，如春日傍晚的一場幻夢。強者終將倒下，如風前塵土。

因喪失與變故而生的傷感愁思，是中國與日本詩歌中的一項固定主題。日本最早的詩歌總集——八世紀的《萬葉集》，收錄了一首大伴家持所做的和歌，題爲〈悲世間無常歌〉（世間の無常を悲しぶる歌）。詩人在這首詩中將四季更迭與月相盈虧比作年齡增長與身體衰弱。這種深入日本思想的觀念要說的是，一如自然轉瞬卽逝，你我也是如此。

這使得一種摻雜著悲傷的讚嘆感觸由此而生，在日本稱爲「物哀」。櫻花狂熱追求的不會是樹上櫻花滿開的那個快樂一週，而是花瓣開始凋落的那個悲傷日子。如果櫻花早已持續存在，此後也將繼續不斷，那麼它們還能帶來什麼樂趣？那就跟塑膠花沒有兩樣。正因爲只能維持幾天，我們才覺得櫻花楚楚動人。

物哀是一種達到今日在西方稱爲「正念」境界的詩歌手法。正念，意即對每個瞬間保持豐盈的覺察，而這麼做的理由，正是因爲那些瞬間終將消散，不復到來。在偉大混沌的生命洪流當中，以前從未存在過像是你我的生命，你我也不可能再次降生世上。每個片刻都有待珍惜；因而就連有一瞬間失卻正念，都是駭人的浪費。

用十四世紀日本僧侶吉田兼好的話來說：「假若化野的露水從不消逝，假若鳥部山的焚煙永不逸散[7]——要是我們只跟那種玩意過活，怎能爲物哀所動！正是生命的易變，使得生命無比珍貴。」

7 化野自平安時代以來作爲亂葬崗，而鳥部山（今作鳥邊山）則是火葬場。

色即是空

Shiki soku ze ku – The material world is itself emptiness

若從量子力學觀點探究，時空的交織構造紋理就更顯空洞。到頭來，是佛教徒偶然發現了一項科學眞相，就像古希臘人歪打正著發現了原子。如今衆人皆知，物質處於微觀尺度，理所當然地包含大量無物之處。組成物質的粒子，到底不過就是一陣力場與量子機率造成的翻騰。約翰遜博士的腳並未接觸到石頭的實際物質，而僅是那原子尺度的翻騰所形成的一團斥力雲。

在這種翻騰中盤旋的微小粒子不斷忽現忽滅。時輪（就是在大衛・基德客廳以何等震撼迷幻效果展出過的那幅畫）的藏傳教義談到「空粒子」：那是存有與存有之間的虛無態會暫時出現的微小單子、甚或微小宇宙。

另一方面，量子物理也推導出完全的虛空是不容許存在的。就算是最微小的空間，也總有被某物占據的微弱機率，使得粒子有機會藉此顯現，哪怕只能在一個無窮小的瞬間中存在。在空間的虛無當中，鬼魅般的粒子如沸泡滋生，以「虛擬粒子泡沫」填滿每一個量子位態。

量子世界中的眞實物體，有一半是無物的虛擬粒子濃湯，湯中的實在粒子反覆地物質化又非物質化。從最純粹的物理學觀點來看，物質世界當然無異於虛空，反之亦然。

空卽是色

***Ku soku ze shiki* – Emptiness is itself the material world**

或許有人不禁會想，我們何必在「空」與「色」上翻來覆去，並問：難道還有什麼是在設法搞懂這串冗言贅字之後才能獲得的嗎？白隱對這四行經文惱羞成怒得高呼驚叫，恰好替我們所有人發聲：「好一釜羹被兩顆鼠糞污却。」

這兩顆鼠糞當然就是「色」與「空」。這鍋羹湯本來煮得好好的，直到這兩顆鼠糞掉進了釜裡。但若要爲空辯護，我認爲似乎起碼還有一個好理由提到它。

空能通往「捨／equanimity」（也作「平等捨」），這或許是佛教所信奉最獨特的美德。這是放下的能力。我們藉由捨，能平息內心的惡水洶湧，令外物不再左右自己。捨的原型便是佛像臉上極樂安詳的表情；佛陀那靜自觀想的祥和微笑，正可謂佛教徒開悟的象徵。

我們內心的欲望與激情如火如荼不停交戰，不過探究空的概念卻能促成兩者談和。達賴喇嘛稱此爲「內在繳械」（inner disarmament），並寫下這個概念有多麼重要：「在我們生活方式的各種層面上——家庭生活、社會生活、勞動生活、政治生活——內在繳械總是人性最重要的需求。」

印度神祕主義者奧修將「空」譯爲「無物／nothingness」，根據他的說法：「無物是彼岸的芬芳。是心朝超越的敞開……唯有嗅及這種芬芳，觸及存有內部的這種絕對無物，讓這種無物蔓延周身，就那麼成為一片純淨無雲的天空時，人方能完整。」

《心經》自始至終都浸淫在無物的迷醉甜美之中，其芬芳就飄散自捨。東南亞使用的古巴利語經典中稱捨爲*upekkha*[8]，英文通常譯作「non-attachment」，代表一種純淨、無垢而洞察清明的心智狀態，有容得以接受該發生的事就會發生。

有個故事是說十一世紀的詩人蘇東坡寄了以下詩句給禪師佛印：

八風吹不動，
穩坐紫金蓮。

這「八風」分別爲：稱（讚美）、譏、苦、樂、利、衰、得、失。佛印回信二字曰：「放屁」。蘇東坡一怒之下趕忙跨過長江，來到禪師居住的對岸，大肆抱怨他的無禮。

佛印回答：「我罵了誰？你說你八風吹不動，卻被一屁打過江。你難道還能自居八風吹不動？」

另一方面，當你逼近眞正的捨，會發現那裡是空氣稀薄、遠離人世與一切是非對錯的高處，令人備感孤獨。禪學經典《碧巖錄》記載了這段經常被引用的對話：

> 僧問百丈如何是奇特事，
> 丈云獨坐大雄峰。

就算高峰上的美景是絕對的至福，你還是需要耐力與氧氣筒，才能長時間待在那裡。

中、日文表示 *upekkha* 的漢字是「捨」（日文讀作 sha），此字相當生動，字面

8 由梵文 upa（平等）以及 ikkha（看見）組成，故又譯爲「平等見」。

意義卽爲「丟棄」。英文能以一句頗爲簡短、但略嫌失禮的短語表達「捨」：「So What?」（那又怎樣？）藝術家安迪·沃荷在《安迪沃荷的普普人生》書中，將這句話當成祛散憂愁的公式：

有時大家會放任可以光靠一句「那又怎樣」就能解決的老問題讓自己淒慘上好幾年。那是我最愛說的話之一。「那又怎樣」。

「母親沒愛過我。」那又怎樣。

「老公不上我。」那又怎樣。

「我很成功但還是孤家寡人。」那又怎樣。

受想行識

Ju so gyo shiki – Sensation, Thought, Action and Consciousness

在前四句「四奧祕」裡，經文只講到了五蘊第一：色蘊（物質世界）。現在繼續講其他四蘊。五蘊是典型的佛教列表，依次序編排，前一項導出後一項。物質世界在我們經驗過後產生了受蘊（感受）；這又帶來想蘊（思想）；接著觸發行蘊（行動）；最後以識蘊（意識）到達終點。識蘊是五蘊最後、層次最高，也是最能帶來煩惱的一蘊。

歌舞伎劇目《道成寺》中，舞女伸出一隻握著的拳頭，接著就跟和尚進行一場佛學辯論。在男性主導的古代亞洲，女性不該占和尚上風，但這裡又是一場天女對舍利子之戰的重演。她要和尚說出她手裡握著的那隻鳥是死是活。「如果你們覺得是，那就是。」她說。

衆和尚回答：「如果我們覺得不是，那就不是。」但當她張開拳頭，裡頭根本沒有鳥，既不死，也不活。她贏了。接著，她與衆僧朗誦「色卽是空，空卽是色。」

儘管《道成寺》之辯只是作爲一個小小喜劇橋段，其笑哏卻是援引自一椿公案——派給修禪者思索的不可能問題。其中一椿最知名的公案是白隱的「隻手之聲」：「你知道兩隻手能發出什麼聲音。那一隻手會發出什麼聲音？」另外一椿是：「東山行於水上。」

你無法以理性解開公案，答案只在心靈放下成見、提升到更高境界時方能到來，那可能會是靈光一閃地突然冒出，也可能如晨光漸嶄，緩慢而至。公案往往是以晦澀語句或智力謎題的形式呈現，但規模也可能更龐大：生命謎題。貝多芬失聰或許能舉爲一例。失聰對作曲家看似是毀滅性的打擊，卻也成就了貝多芬偉大的晚期傑作。我們每個人都有一椿、乃至數椿的「生命公案」必須思索。你想創業開公司，但沒錢；你是個有事業企圖心的女性，但在男性主導的公司裡抵到了牢不可破的玻璃天花板；你已經準備好提筆寫一本關於《心經》的書，但覺得力有未逮。

「色卽是空」與其他反之亦然的句子，就是一連串的公案與其反論，直直墮入五里霧中。我在撰寫這本書時，發現自己就身在此間——隨著進度推展越多，我從這四句經文隨便一句當中能讀出的重點就越少。在京都的某場晚宴上，我巧遇南禪寺的蓮沼良直。聽聞他是《心經》權威，我便向他說明了自己的困境。我對他說。「我感覺像是陷入了流沙，越是掙扎，就陷得越深。」他回答：「恭喜，你快成功了！」

亦復如是

Yaku bu nyoze – Are also just like this

逐一舉出五蘊，包括識蘊本身之後，經文就將它們通通棄而不論。正如物質世界不過就是虛空，剩下的一切也都同樣適用。

此處關鍵詞爲「如是」（日文讀作 nyoze），譯自梵文 *evam*——「就像這樣」或「如此」。這句意思是說「正如其他一切」，其他四蘊也都是虛空。不過一如《心經》中的其他字詞，「如是」這麼一顆看似平淡、僅僅表示「如此」的小小粒子，若將它拾起仔細鑒察，也能揭露出其璀璨如珠寶的內裡，意涵豐饒。晚近佛教中，「如是」的弦外之音逐漸洪亮，無數書籍與禱文都是圍繞著這個短短的詞彙寫出來的。

十一世紀的印度思想家金剛手寫道，*evam* 是「八萬四千教義之源與一切奇妙之根底」。他之所以給予「如是」高度評價，乃是由於此詞指向了存於超越世間表面虛空之處的某物——亦即，物的純粹「如實／suchness」。這是某物恰恰如其所是的驚奇。禪僧們在指物的指頭上、枯山水間、門廊的擺鞋方法中尋求大徹大悟，要發現的無非「如是」。在那當下，他們所見的已超脫於物的實在或非實在，而達到這個宇宙不可言喻的「眞如／thusness」；神祕主義者則會在「頓悟／epiphany」時刻看見。

迷幻藥物或一場極爲深度的冥想，都能讓人感受到「如實」，屆時你會爲了周遭每一件微不足道的小事而感到至福圓滿。你無法一直停留在那個高度，只會有短短的幾分鐘或幾小時，那是無我之境；你知道你的人生就此永遠改變。

看見並完全接受「如是」——那就是以上要表達的一切了。話雖如此，「讓我們來享受這『如實』的一刻，一切都會好起來的」這一類的想法則應愼防。吉爾奇大力堅持學習眞實生命課題以及如何生活的重要性，而非只是藉由一時的藥物爽嗨或者一片花園盛景來進入無我之境。

「你會有很美好的感覺，」他說，「還看得到所有美妙顏色，然後你就想告訴大家，『這實在很美好，你們難道不明白嗎？我得到了令人驚嘆的領悟；突然間我就理解了生命與世界是怎麼回事』但人家會問，好吧，那生命跟世界究竟是怎麼一回事，你卻給不出半點答案——『噢，那難以言喻。』難以言喻是一個很棒的詞，但那實際上不過表示了你就跟從前一樣蠢而已。」

說來傷心，一旦從無我之境墜回凡間，便得重新展開一次修行。問題就在於，當你爲日常生活與此間一切苦惱奔波之際，又該如何維持那極樂圓滿的感覺。圖博人稱此爲「定境／equipoise」，用十五世紀圖博僧侶蔣央噶威洛追的話來說：「人應該停留在嘗過一口真如滋味的定境之中。」

第三部

六不

不

舍利子，
是諸法空相，
不生不滅，
不垢不淨，
不增不減。

觀音藉由一聲喝斥、甚或一記打在背上的警策，把舍利子的注意力拉回空性上頭。這一次，菩薩用了「空相」這個措辭，強調出其虛妄——沒有任何事物能如其表面所見。觀音用斬釘截鐵的否定句加以強調。始於「不生不滅」、終於「不增不減」的這三句，以連珠炮般的斷奏韻律，持續反覆「不」這個音節。

空，正如三世紀哲學家龍樹提出的那樣，是一個浩瀚豐饒的概念、一朵馥郁的夜晚香花，張揚著舒展的白色花瓣，飄散著惱人卻醉人的芬芳。這株高拔參天、惡臭洋溢又魅惑人心的屍花，萌芽自僅僅一粒小小的種子：「不」。

龍樹主張我們不能理所當然地認爲任何物、乃至於空性都有其眞諦；如此一來空性就會淪爲一種「物」。因此他對一切說「不」。龍樹頒布了「八不」（日文讀作happu）以嘗試解釋空的概念：

不生不滅，
不常不斷，
不一不異，
不來不去。

《心經》此處只有一套六個否定，但也圍繞著同一個主題打轉：

不生不滅，
不垢不淨，
不增不減。

龍樹不只說了「不」，也停在「不」上。他宣稱「不一不異」時，也就否定了想通萬物最終解答的可能，甚至拋棄了對佛教來說無比珍貴的邏輯。龍樹告訴我們空性、智慧、開悟「不是」什麼，但他從沒繼續說完它們實際上「是」什麼。

舍利子

Sharishi – Oh Shariputra!

舍利子是高居涅槃的佛陀與底棲此世的你我之間的聯結。

佛陀將般若波羅蜜多的智慧傳授給觀音菩薩，觀音又將其往下傳授給舍利子。傳統上是說另一位門生阿難陀將觀音的話語集結成經文。但在西元前六世紀，佛陀斷定要在當時對世人釋出《般若經》爲時尚早。

《般若波羅蜜多經》是藏傳稱之爲「伏藏」的早期實例之一。一般相信早期智者們將這類祕傳教義的抄本埋在洞窟裡或湖底，並在那裡靜置好幾個世紀，等待後人發現。發現這些隱藏抄本，並將經文帶給世界的後來智者，稱爲「伏藏師」（treton）。

《般若波羅蜜多經》必須藏匿到世人準備好接受它爲止。佛陀命令阿難陀將這部智慧經文託付給一群水龍那伽保管，衆那伽就將經文保存在海底的藏寶窟中長達七百年，就像北歐神話中的巨龍法夫尼爾看守他的寶藏。

終於，龍樹在西元二世紀左右讓那伽從海底的岩窟中釋出經文，因此也成爲首位伏藏師。自龍樹以後，《般若經》擴增成了現存的諸多版本——上本、中本、下本，乃至玄奘五百年後在旅途中發現的《心經》。不同版本的《般若經》接著西傳至圖博，東渡至日本。經文傳播的每一個階段，都有像法藏、空海、白隱這些大師，將經文奧祕傳授給門生，其門生再將知識向下傳遞。

這正是佛教之所以高度重視系譜的原因。在日本各禪修院的子院住持堂裡，神龕中央看不到佛陀，只有開寺祖師的雕像，面容通常頗爲憤怒，或許還握著一根棍子，看似就要從椅子上跳起來打你一樣。他象徵的是從最初開始讓薪火傳承下來的師徒長鍊。

我頭一次聽說《心經》，是在大衛．基德的宮殿拆卸日那天從禪僧浦田那兒聽來的。在之後則有歌舞伎劇場的玉三郎，往後還有更多來自他人的活水流入，包括我素未謀面的眾作者，諸如圖博僧侶索南仁謙格西，以及日本書道家棚橋一晃，我先後又從尤瑟娜與吉爾奇身上得到不同的啟發。如今我將這些話語付諸文字，也成爲這長鏈上的一環。

在我寫作本書時，有位朋友問：「你對《心經》有什麼獨到見解想傳達的嗎？」我必須花一陣子來思考。我重新審視已經讀過的《心經》相關書籍文章，發現它們能分成三組：學術作品——專家爬梳古代文本以理解經文原本意圖；哲學作品——僧侶剖析空的深層意涵；勵志作品——勵志作家教你怎麼用《心經》改變人生。

我瞭解到自己的焦點落在完全不同的範疇，你或許能稱之爲「傳承」——亦即將我從他人那裡學到的事物傳遞下去。我一生都在做的事，其中之一就是聆聽導師開示。我年輕時會拜倒在感覺古靈精怪的人物腳下，只想汲取他們出其不意的明察洞見，時而深刻、時而戲謔。不論是威廉．吉爾奇或瑪格麗特．尤瑟娜，我都謹遵他們的話語，背起來，回家抄起來。甚至就在他們講話時錄下來。

至於《心經》，七世紀的僧侶魔法師法藏，與十八世紀的禪師白隱都爲此寫下了動人、甚至娛人的文字，使得我很容易感覺正在和他們對話；那正是讓我爲之傾倒的活導師們與我之間有過的那種對話。

瑪格麗特．尤瑟娜雖然有計畫與我合寫一本關於《心經》的書，實際上卻從未期待我能貫徹始終。她過世後幾年，有人將她最後的日記以遺作名義出版，題名爲《囹圄巡*Le tour de la prison*》，我發現她在書中想起我。我讀到她描述我在老舊神社土地上的鄉村生活風格時相當感動，但這段文字隨後的一句話卻澆了我一桶冷水：「他在計畫寫一本可能永遠寫不出來的書。」

如今我奮筆疾書，努力傳承與我尊爲導師的人交談、閱讀其著作時驚鴻一瞥的智慧。他們當中無人提出偉大的最終解答；然而，拾白隱牙慧，每個人倒是都給了我一點「小智慧」。

假如過去曾經推敲《心經》的諸多思想家留下任何鳳毛麟角我可能傳遞下去，那便會是這部短小經文激發出的極度大量問題。每一個問題都是容納於彌勒樓閣塔頂斗室中、沐浴著金粉的璀璨殿堂——並且旁伸出更多金粉滿溢的廳堂，彼此重重映照。

是諸法空相

Ze shoho ku so – All these ways of being are empty appearances

佛教起初曾對「因果」相當著迷。然而在佛教哲學細探個人生命存在所必須的連串事件後發現，要讓任何一人誕生，所需的巧合皆數之不盡。我們的父母必須以某種方式相遇，他們的父母也是，他們的祖父母還是，一路上推至遠古時代；然後，接下來的幾千年間，每件事都必須發生得恰到好處。將天台宗從中國引進日本的八／九世紀僧侶最澄，就形容創造一條人命所需的巧合連鎖，就「如尋大海之針、穿引妙高之線。」

在洶湧的巧合之海中，你不可能將自發舉動與「命」或「運」區別開來。當你覺得自己有所成就，反省你的成功有多少得之於支持你的父母、良好的健康與諸如此類，又會讓你清醒過來。更別提那些隨機據有的人種與國籍優勢，還有那份在該出現的時候出現的職缺，或是與扭轉你一生的某位導師相遇的機緣。

人活出生命的方式，世界運轉的方式——這些都是超乎我們控制、甚至超乎我們理解的混亂巧合導致的結果。也就是說，它們不過都是「空相」。一如愛比克泰德在《手冊》裡所說，我們不過就是某齣戲裡的演員：

> 你是一位演員，演一齣作者說了算的戲——若他要戲短，你戲份就短；若他要戲長，你戲份就長。若他高興你扮演窮人、或殘疾、或君主、或普通公民，他是看中你有能力演好這些角色。把分配到的角色演好是你的工作，但選擇角色是別人的職責。

不生不滅

Fusho fumetsu – Not arising, not extinguished

《心經》在西元四〇〇年左右問世後的幾個世紀間，相關著作付之闕如一事早已衆所周知。各家中文百科都會列出早年譯本的各種不同題名，但奇怪的是，直到西元七〇〇年左右，都沒有任何人對任何版本寫下注疏。那是一道長達三百年的罅隙，其間只有沉默。

要到二十世紀晚期，才有人膽敢思考這不可思議的現象，並陳述其顯而易見之處。美國學者那體慧在一九九二年一篇佛教期刊文章中，試圖推翻一千三百年來已被廣爲接納的《心經》知識。那體慧仔細分析了梵文與中文文本，得出的結論是：在玄奘之前，《心經》在印度並不存在。

她逐篇檢驗名列佛教百科全書，成文於西元四〇〇到六〇〇年間的早期譯本，推測這些譯本要不是年代誤植，就是托名假造，否則無從解釋。它們從未存在。更嚴重的是，若想經由玄奘的梵文版更深入了解中文版，會發現梵文版毫無用處，而中文版先行問世。那體慧證出玄奘似乎是將中文譯回梵文，接著這份梵文版才再次傳入印度，而後逐漸擴充爲圖博現行的「廣本」。簡言之，這整部經可能都是玄奘編出來的。

但我們無從確知。有人說，此經可能是某位病僧所撰，並贈予年輕時在中國南方遊歷見聞的玄奘。或許此經早已在印中交界處流轉過一陣，這位病僧才從不可考的某處得手。那體慧斷言，多數版本都是從四世紀譯經者鳩摩羅什的一篇早期文本衍生而出。不論究竟是絲路上的病僧、還是玄奘自己編纂出了《心經》，顯然都是在鳩摩羅什的某段文字上加油添醋，再增添一對合適的首尾段落而成。

玄奘的《心經》翻譯（或創作）可以視爲一次發現「伏藏」的過程，而玄奘就是尋寶的伏藏師，一如在他前頭的龍樹。某種意義上，《心經》本身就是埋藏密法的神祕湖泊或洞窟，有待衆伏藏師前來探索。一旦我們開始窺探經文的枝微末節，你我也都成了尋寶的伏藏師。

每道可能的軌跡都指向玄奘，並且都在可疑的情況中戛然而止。其他學者對那體慧的發現提出反駁，卻沒有任何主張能夠一錘定音。我們只能說，這部論智慧與眞諦的世上最偉大著作，其來源啟人疑竇。它是一道封閉迴圈：此經既沒開始過，也沒結束過；既不生，也不滅。

不垢不淨

Fuku fujo – Not sullied, not pure

靈魂的純淨是古代中國思想家相當熟稔的概念。早在佛教傳進中國以前，西元前四／三世紀的儒家哲人孟子就堅信人性本善。他說：「人性之善也，猶水之就下也。……今夫水搏而躍之，可使過顙，激而行之，可使在山，是豈水之性哉？」（人的善良，就像水往低處流的傾向，你能將水潑到齊額高度，也能把水擋回山頂，但那眞的是水的本性嗎？）

古印度哲學家並未在靈魂的純淨上多做著墨，因爲他們認爲重點在於擺脫靈魂，成爲某種更高層次的存在。不過，還是有一派人在談「淸淨」，叫作唯識宗，玄奘帶回中國的就是他們的學說。

他們的理念是，我們內心早已具備佛的純潔本性，只要將靈魂之鏡上的塵埃拂拭掉，接著，天靈靈地靈靈，成佛就近在眼前。他們稱此爲「菩提心／*bodhicitta*」（佛性，佛心），達賴喇嘛則將之定義爲「光明心性」。接著他說：「這種天生不滅的佛心又稱自性涅槃，或稱自性解脫，因為此心自然存在於我們每個人之中。」

「清淨」的種子落在由孟子和其追隨者翻整好的中國沃土裡，茁壯成了一棵枝繁葉茂的大樹，其中一岔分枝卽爲禪宗。就某個意義來說，禪宗的整個中心思想就是回歸我們的內在起初就具備、卻在生命前進途中遺失的「自性涅槃」境界。你我的菩提心打從一開始就是純淨無垢，也不可能再沾惹塵埃，因此也就沒有任何必要使它變得更加清淨；這當然起了如何拂去心鏡塵埃的題。以七世紀禪宗六祖慧能的話來說：

本來無一物，
何處惹塵埃？

奠立大本教在一八九〇年代成立的那道預言中聲明，教團首領將一直由女性擔任，如同早期神道教的神諭只透過巫女傳導。我們一九七〇到一九八〇年代間當時的第三代首領是出口直日夫人，大衛稱她爲「大母神」。直日夫人某天拜訪了大衛位在蘆屋的住所，餽贈了她父親王仁三郎的書法牌匾。王仁三郎是大本教在創立背後那位身懷領袖魅力的天才。

那片牌匾是以古風草書撰寫，判讀並不容易，但我們最終還是搞清楚了。上面寫著「洗心の行」，意思是「滌淨內心的修行」。

「那也算是種髒活啦。」大衛說。

不增不減

Fuzo fugen – Not increasing, not decreasing

圖博人將滿是「不」字的這三句稱爲「三解脫門」。暫且把前兩句擱在一旁，這一句「不增不減」標示著最終階段，稱爲「無願門」。

「無願」正可形容不追求特定成果的菩薩心靈，所以事情若有好結果，祂們並不特別高興，若有壞結果，祂們也不特別難過。增與減於菩薩如無物，祂永遠不會因而失望；不如說，祂失望過，但現在並不認眞在乎。如佛教學者卡爾・賓賀素評論：「成佛之道可說純粹就是一次接著一次的失望——唯一的好消息是，悟道會是最後一次失望。」

「不增不減」是《心經》諸多相反詞組彼此否定的句子之一。禪宗將《心經》的每一個「不」總結爲「不二」（日文讀作*funi*）一詞，意思是「非二元論」，拒絕將事物歸類成善或惡、我群或他群、對或錯。

「不二」在禪宗經典《碧巖錄》中作爲一則公案登場。那則故事說到睿智的在家居士維摩詰辯倒了文殊菩薩。維摩詰雖然不是僧侶，但他毫無容赦的聰明使他智取一位又一位的菩薩。所以當他病倒時，每位菩薩都不願意去探望他，深怕維摩詰再度給祂們難看。最後，佛陀命令文殊前去，文殊遵旨。不久後，文殊就來到維摩詰老頭的床邊，然後老頭問祂，「何等是菩薩不二法門？」

文殊回答，「無言無說、無示無識、離諸問答。是為不二法門。」接著文殊詢問維摩詰的看法。維摩詰什麼也沒說。文殊敗北了，因爲祂試圖用言說描述無言可說。

有句話是這麼說的：「維摩一默，聲如淵雷。」沉默是佛陀最愛的策略。當佛陀被問到世界是否永恆不朽、自性是否與肉身一致、悟道覺者是否能逃一死——祂皆沉默以對。

第四部

無眼耳鼻舌身意

是故空中，
無色、
無受想行識、
無眼耳鼻舌身意、
無色聲香味觸法。

這幾句經文充滿「無」字，意爲「沒有」。「無」與前一段「六不」的亮點「不」字有所關聯，但「不」意謂著「不動作……」，「無」則意謂著「不存在……」。

「無」的強烈更甚於「不」，「無」是否認、否定、*non*、*nyet*；「無」是唐喬凡尼被要求悔改否則就打入地獄、甚至就在魔鬼將他拖下業火地獄深淵時聲聲呼號的「不！」[1]；「無」是李爾王對女兒之死的哀戚奔騰湧洩而出的「決不、決不、決不、決不、決不！」

1 出自莫札特歌劇《唐喬凡尼 Don Giovanni》終曲。

從這段開始，經文逐一提起我們看待這個世界、並生活其中的各個面向，並將它們悉數否定。這或許是人類史上最「否定」的書寫作品。「無」字追隨前面方才出現過的六個「不」字腳步，宛若一段執拗的鼓點節奏反覆了十九次。它否決、否定、否棄、否認、否斥。

這幾句經文詳細道出——也可說是咆哮出——觀音菩薩對經文開頭「五蘊皆空」的見解。祂在此將五蘊是如何滿盤皆空的見解，嘶吼進了我們腦中。

我們從五蘊之首的「色」開始。我們與色蘊的深刻糾纏，卽是其他一切妄念的根源。在此，物質世界又以「色」字表現，閃爍著原義「色情」與「色彩」的微妙曖昧雙義。經文熄滅燈光，關掉音樂，直白而陰沉地陳述：「無色。」

接下來的句子陸續切割我們賴以理解現實的方法，包括感官（眼、鼻等）與相聯的感覺：「色」（代表視覺）與聲等等。這些皆是妄念。空海稱這一段爲「絕」，並寫下：「文殊利劍能揮八不，絕彼妄執之心乎。」（文殊的利劍，揮舞著「八不」，斬除虛妄區別心。）

「不」與「無」就是文殊燃燒的智慧寶劍劈砍而下，斬斷我們賴以爲繼的一切所發出的聲音。

是故

Ze ko – Therefore

「故」字在《心經》中出現了好幾次，提醒我們佛教的一切就是論辯：表列、推導、證明完畢。

佛陀與菩薩塑像往往表現祂們的指掌擺出稱爲「手印」的特殊象徵手勢。在泰國、緬甸廣泛流傳的「觸地／證悟印」，能看到佛陀一手往下伸展，「觸地」見證眞諦[2]。佛陀經常結的另一種手印，姿勢看起來是一手上舉，食指與拇指相抵，稱爲「說法印」，代表結印者正在提挈論點，有如釋迦摩尼在佈道時說著：「是故……」。

論「空」與「無」細緻差異的著作數量衆多，論佛教列表精微要旨的就更無需多提。

2 此印梵文爲 *bhūmisparśa*，在華語世界更廣爲人知的名稱爲「降魔印」。

忠於對理性論辯的熱愛，「無」的否定依照因果順序逐一出現，拾級而下。經文首先走過的列表是「六根」（眼睛、耳朵等，還包括心靈），接著提及的列表則是我們對感官感覺產生的反應。佛教辯論家對於字詞的正確用法與順序相當講究。

早年，大衛．基德、吉爾奇與我剛進入大本教那時，我們發現有些英文出版品的行文語調略顯強硬。吉爾奇身爲編輯，有一部分的工作職責就是幫忙潤飾這些稜角。某天我們撞見這麼一句：「吾人應當掃蕩並撲滅聖愛之敵！」

「我是覺得，」大衛淡漠地評論，「你應該要先撲滅，再掃蕩。」

空中

Ku chu – Within this emptiness

長久以來，《心經》讀者爲了理解龍樹的「二諦」，因而絞盡腦汁。二諦是說，事物從一面看去眞實存在，從對面看去卻無常烏有。法藏將其歸結爲四句簡練至極的文言文：

不空之空，
空而不斷。
不有之有，
有而非常。

讓我們暫停一下，慢慢咀嚼這段話。「不空之空」是說，空相當眞實，就有如碰到約翰遜博士腳的那顆石頭的內部粒子翻騰；那或許只是一團粒子翻騰，卻也擋下了他的腳。

「空而不斷」意思是說，萬物的無常一向無從駕馭，我們只能設法應對。《萬葉集》裡另一首大伴家持的和歌這麼陳述：「令即對此世感到如此悲傷淒涼，我卻不是能夠一飛了之的小鳥。」我們身困此世，必須在萬變洪流中過活。

「有而非常」則提醒我們，不論我們多麼善盡在這個物質世界的職責，這些事情到頭來不過就是「春日傍晚的一場幻夢」、一場妄念。法藏這段變化多端的短句，概括了活在一面眞實、而另一面虛無的世界中伴隨而來的生命困惑。我們設法在塵世成就些什麼，但所有事物都無法永垂不朽，我們的作爲也毫無絕對價值。如索南仁謙格西所言：「菩薩即英勇面對並承擔反覆思索二諦艱辛之人。」

有了法藏「不空之空」這類的矛盾措辭，我們要愼防流於某種「心經體」的俗套。大約在尤瑟娜和我還考慮一起寫書的那陣子，我去了羅馬，並且獲引薦認識了戈爾．維達爾。我們兩人聊了一陣，他問我最近在忙些什麼。偉大作家的關注讓我受寵若驚，於是我花了一點時間探討《心經》的悖論。那段日子，我總是隨身帶著筆墨與紙，請剛認識的人爲我題字，於是我也就向戈爾・維達爾提出相同的要求。「我來寫點《心經》給你，」維達爾說著，就揮毫寫出一段英文：「Nothing is No Thing——無物爲無物」。

這句話或許看似略有深意，但當然實則毫無意義，維達爾也知道。這是一句諧擬，維達爾在嘲笑我和我的《心經》悖論。後來我將這張墨寶裝裱成掛軸，有時還會掛出來，警醒我這一切的一切聽起來究竟有多麼荒唐。

無色

Mu shiki – There is no material world

不論「色」究竟爲何，都不會如同你我想像一般，那正是諸多禪宗名言的要旨所在。我們無法碰觸或眼見原子與電力，我們就是沒有能夠確切體驗實在的方法。感官呈現給我們的只是某種近似的東西，甚至還會誤導我們。我們所見、並且所信爲眞實的，不過就是意識的建構。

還在大衛．基德蘆屋宮殿裡的舊日時光，我們夜裡會齊聚於觀月臺，俯瞰大衛寢室後方的庭園。某個寒意襲人的十一月夜晚，園藝師傅雅彰也在，他注意到櫻花不應景地開得莫名其妙。

「那棵會是櫻花樹嗎？」他問。

「是啊。」大衛答。

「我看得見櫻花！」他說。

「這個啊，」大衛說，「就跟波斯地毯一樣，你看的是沒出現的花紋。其實你看到的是被蟲咬過的葉子，那缺口看起來就像是花。」

無受想行

Mu ju so gyo – There is no Sensation, Thought, Action

由於物質世界（色蘊）不存在——起碼就通常理解來說，完全根據我們對物質世界的經驗推導出的剩下四蘊，也都不會存在。

經文從此處開始以一種稱爲「金剛屑」（Vajra Sliver）的佛教邏輯方法鋪陳。「金剛」是一種型似權杖、兩端收尖的工具，端點或圓鈍，或尖銳；有時權杖的肋條處會張開，並在上、下尖端收斂，形似南北兩極間的磁力線[3]；有時金剛的造型或許相當簡素，只是一根頭尾帶尖端的棒子。無論形制如何，金剛都是一種靈性力量的象徵，它與智慧寶劍類似，卻是威力更強大的武器。你常能看到日本密教的神龕中會展示手持一把或兩把金剛的菩薩形象[4]。金剛力如雷霆、堅若金剛石。

金剛不壞，又具備摧毀其他一切的力量。運用「金剛屑」法，就是劈開事物，仔細檢驗佛教徒稱爲「業」的種種成因。你得劈去不必要、或依存於其他事物的部分；要是劈得夠久，最終會發現，沒有任何事物的存在可以只依靠單一成因解釋。

西方的「奧坎剃刀」就蘊含類似的意義。據說，十四世紀神學家奧坎的威廉曾聲稱：「若無必要，勿增實體。」奧坎與後人應用此原則（後來被稱作奧坎的「剃刀」），逐層削去基督教的教條，接近上帝本身至危險的距離；因爲他們削去的教條，嚴格來說沒有任何一項是必要的[5]。

有形物體，以及我們感覺、思考它們的方式，都是互相依存、隨機而且短暫的。金剛石般堅硬的金剛劈過，無物得以留下——或許僅剩一撮金剛屑。

---

3 西方王權權杖偶有皇冠型或心型的肋條包住寶石或金蛋的設計。中文稱金剛上的該肋條結構爲「鈷」（或作「股」），不同數目與設計各有不同象徵涵義。

4 指眞言宗的「東密」與天台宗的「台密」。廣義密宗（日本稱密教）又稱金剛乘（*Vajrayāna*）。

5 西方的「奧坎剃刀 Occam's razor」就蘊含類似的意義。據說，十四世紀神學家奧坎的威廉（William of Ockham /Occam，約 1285-1347）曾聲稱：「*Entia non sunt multiplicanda sine necessitate*— 若無必要，勿增實體。」

識

Shiki – Or Consciousness

大衛．基德有一輛黑到發亮的凱迪拉克，寬尾翼，一九六〇年代車款，過去他常開這部車在大阪市中心穿梭。某次我搭他的車，一名警官在我們闖紅燈後攔下這部車。大衛搖下車窗，警官開始問話：他的姓名、住址、其他細節。然後問：「您幾歲？」大衛以一種活像恐怖片演員文森．普萊斯在墓裡嘟噥叫嚷的邪惡語氣宣稱：「五千歲。」警官面露緊張微笑，揮手將我們放行。

輪迴轉世是一種令人心安的想法，但對今日的許多人來說並非一種可行信念。如佛教學者兼部落客加雅拉瓦所寫：「佛教概念史受〔死後的〕連續性問題主導：過於連續則開始看起來像有靈魂，但不夠連續則業力無法運作……結果，物理學表示，毫無任何合理疑問，死後不存在、也不可能存在個體連續性。」

「識」即靈魂。經文說：「沒這種東西。」這不該令人感到意外，因爲打從一開始釋迦摩尼就否定了永恆靈魂的存在。但那卻帶來無窮無盡的困惑，因爲大家相信輪迴轉世與業力果報，而在這套系統裡，靈魂在登上靈性階梯時會重生一遍又一遍。所以靈魂的概念不斷暗中返回。

不過「合理疑問」也許還是有的。佛學理論家艾倫・華勒斯指出，截至目前爲止，科學還無法在理解意識實際爲何這方面取得任何進展。那麼，或許意識還是可能有別於大腦生理功能，而且在死後不會停止。只能說一切尚未塵埃落定。

與此同時，假如五千年間都沒有靈魂轉世，我們就會遭遇到古典「無神論者兩難」[6]。此題的解套方法，可以用來回答大衛・基德某個比較惹人嫌的朋友「小人法蘭克」的問題。這個人慣性開空頭支票，還用形形色色的手法詐欺他人。某天，法蘭克有事向吉爾奇求教，實則又想敲詐一筆，他問：「憑什麼我該爲誰犧牲奉獻？」

吉爾奇給法蘭克的回覆，歸納起來，我稱爲「大進展定律」（Law of Advance）。

6 帕斯卡「上帝的賭注」變形。若存在上帝，無神論者死後會有無限的痛苦；若不存在上帝，人就沒有爲善的必要。

這背後的思路是這樣的，一如這個宇宙遵守熵值增加與演化的法則，隨著時間進行往不變的前方流動，人類的精神也隨之往前進展。我們稍早讀到的菩提心，就內建於這宇宙的細密結構之中。對智慧與善的欲求並非我們有得選的。至於熵，你能試著逃脫其效力，但也只是一時，還需要付出不斷增加的成本。你我必須進展，否則受苦受難。

過去在一九九〇年代早期，我曾錄下好幾個小時吉爾奇與我就靈性知識的談論。我在這些錄音之中找出這段：

> 吉：耶穌曾說，「不要為自己積攢財寶在地上，只要積攢財寶在天上；天上沒有蟲子咬，『某某』不能銹壞」[7]。現在我們都知道那種「某某」財寶會是什麼。靈性進展的知識實在是把自私的後果講得一清二楚。
>
> 艾：所以這是某種更有質感版本的道德論？還稍稍潤飾過地獄業火帶來的恐懼呢。
>
> 吉：要不然你還能怎麼阻止你的馬走上錯誤的方向？

加雅拉瓦聲稱：「更勤勉地執行賞罰，並謹慎思考是什麼構成善惡，這兩項重責大任都落在人類肩上，因為宇宙才不準備在人類死後替我們清算這一切。」

吉爾奇相信靈魂存在，加雅拉瓦則摒棄靈魂，但兩人都導出相似結論，也就是，不論靈魂不朽與否，你還是得設法做出正確的事[8]。大衛．基德的態度則是，只要夠好玩，哪種說法都行。他以前會說：「如果你不得不笑，就應該要有些真正值得拿來笑的東西，像是你那個不朽的靈魂。」

---

7 由《馬太福音》6章19－20節縮略而成。

8 同樣的結論也見於美國哲學家麥克．馬丁（Michael Martin, 1932-2015）提出的「無神論者的賭注」。

無眼

Mu gen – No eyes

眼、耳、鼻等感官爲「六根」，包括了意識以及尋常的五感。經文將它們悉數否定。問題來了，在說出「沒有某某」之後，那致命的一詞「某某」就以話說出口，讓人無法忽視。那就像某些人說：「我也不是討厭蘋果……」你當場就會起疑：她其實就是討厭蘋果沒錯。正當這段經文刻意否定眼耳鼻舌身意的同時，也將它們召喚了出來。

在奧坎剃刀與法藏鏡廳之外，我還想補充一道鮮爲人知的原理：「麥卡利斯特之嗅」（McAllister's Suiff）。吾友戴夫．麥卡利斯特曾在賓州鄉村農場工作，他描述過不得不把死雞還是其他動物屍體提去廢棄坑的過程。因爲你知道那坑的味道有多可怕，所以你在靠近時會摒住呼吸；但就在最後一刻、就在坑沿旁邊，你又忍不住嗅了一嗅。

經文此處，正是我們放棄憋氣，並且嗅一嗅凡身俗體臭味的坑邊。我們以爲自己劍指崇高理想，突然間卻又被提醒自己的這一身噁心皮囊——從眼睛開始，接著到耳朵、鼻子、舌頭、血脈張弛的肉身、內臟與排遺。

這便是醫生在手術台上看到的「個人」：團團筋絡、激素與ＤＮＡ的聚合體。眼睛不只是能視物的神奇玩意，還需要正確的神經與體液以運作無礙，而這些幾乎完全不受我們控制。

耳鼻舌身

Ni bi ze shin – No ears, nose, tongue, body

我們的眼、耳、鼻、舌、身都是肉體構造，遠非你會認爲是智性或靈性的東西，而且都是由終將老朽、衰敗的玩意構成。我們只能看到很狹窄的光譜；我們的聽覺與嗅覺都不及狗敏銳。若想經驗現實的實在本質，我們的感官徹徹底底地無能爲力。

我們所享有的受限感官，屬於我們的時間並不長久，終將會被奪走。在《手冊》中，根據愛比泰德所說，有些事情是「在我們能力範圍內的」，也有些事情是「不在我們能力範圍內的」，而意識是我們能力所及的最後、也是唯一一物。但就連意識也容易遭到化學物質不平衡摧殘，最終還受年歲拖垮，到頭來也不是眞的處於我們能力所及範圍以內。

莎士比亞在寫下喜劇《皆大歡喜》的獨白「All the world's a stage—世界是一座舞台」

的如下台詞時，就與《心經》互相呼應：

……最後的最後一幕，
結束這詭譎多事歷史劇，
是返老還童、一忘了之，
無牙、無眼、無滋味，亦無一切。

意
I – Or mind

《心經》經文中出現了兩個英文譯作「mind」的字：稍早在兩行前讀到的「識」，大致意義爲意識，特指靈魂；而「意」則意味個人的欲望、夢想與思考——亦卽自我。就是人在輪迴苦海中緊抓不放、復又遺落的自我。

印度古魯奧修在講解《心經》時說了一個故事。一位瑜珈行者同意將自己埋進地底冥想一年，以交換國王最精壯的馬：

但在那一年間，王國覆滅了，沒人記得把瑜伽行者挖出來。約莫十年後，有人想起來：「那個瑜珈行者怎麼了？」國王派了數人前去了解。瑜珈行者被挖了出來，他依舊處於深度出神境界。一句事前約定好的真言呢喃進他的耳裡，他醒過來說的第一件事就是，「我的馬在哪兒？」

如是，就連偉大的智者都緊抓著自我不放。奧修下出結論：「《心經》的整套流程會讓你明白，你的自我是唯一不存在的東西——唯一不存在的東西！其他一切都是真實的。」

然而，自我當然存在。「我們不斷被告誡要與自我戰鬥，」吉爾奇說道，「大家以爲這句警語的意思是說，他們應該打坐冥想，用某種方法反抗自己。但光是照辦你的要求，對可憐的自我來說就有夠困難了。別太煩惱你的自我，繼續做你自己的事就好。」

大衛·基德不是一個會輕易貶低自我的人。「我把自我交給了上帝，」他宣稱，「然後祂又把它還給我。祂說：『你比我還需要這個。』」

無色

Mu shiki – No colour

「色」在經文別處意指「物質世界」，在這裡則以其一般意義「色彩」出現。它大致上表示「視覺」，也就是「一切眼見之物」。這句與接下來幾句指涉我們感官的對象——耳所聞、鼻所嗅，乃至於意所感知。既然感官在前面全被否定，那麼經文在此也就否定感官所感覺到的內容。

這帶我們來到藝術這個主題。我剛認識吉爾奇的時候，正對大衛・基德與他那輝煌宮殿的超凡之美如癡如醉。當大衛拉開進入內室的銀箔拉門時，感覺就有如走入蟲洞，回到了中國明朝。我曾在當中工作過的神道教組織大本教，他們對書道、能劇與茶道的重視，只是鞏固了我們心中「藝術即爲崇高」的信念。

某夜，在大衛的宮殿裡，他展示了四件放在木製臺座上的美術品。大衛指出，古代中國受教育的菁英分子，正是世上第一批擺脫宗教的人。孔子很早就說過「敬鬼神而遠之」，稍晚幾世紀的文人仍舊對釋、道二教保持漠然。「他們還相信的就只剩藝術了，」大衛說，「所以他們用臺座將藝術品墊高。也因此中國藝術品基本上都有臺座，哪怕是一口瓷碗，還是一件玉雕。」

在大本教裡頭，大衛就是我們的大祭司，我們將藝術品高舉到神壇上。接著，吉爾奇到來；回首看來，那正是文殊在我們的門階上顯靈。我們沒有人想像得到，一向被描繪成可愛少年身形的文殊，會以這樣一位謝頂、凸肚的老人偽裝現身。吉爾奇奉行好幾種保健偏方，包括服用蜜漬大蒜、用醋輕拍皮膚，這些習慣使得他散發著一種微妙體味，遠非你會預期從文殊身上聞得的脫俗焚香；我們也不期待從他鼻音儂軟的奧克拉荷馬鄉音中聽到神諭天啓。但隨著時間流逝，我們領悟到吉爾奇揮舞的寶劍，就如文殊手中的那把一樣鋒利。

大衛在一九四〇年代仍在北京的舊時日就認識了吉爾奇，他帶吉爾奇進入大本教編輯英文出版品。吉爾奇到職不久，大衛就要他參加大本教的日本傳統藝術研習。然而，才短短兩天，吉爾奇卻站在辦公室裡哀求大衛讓他從茶席當中解脫。在吉爾奇走出辦公室時，大衛對我發表評論，「這裡有個真心痛恨日本傳統藝術的男子。」

此言不虛。吉爾奇貶低一切藝術，連同既勢利又自我中心的藝術家與藝術品收藏家——儘管吉爾奇本人事實上是位音樂藝術家。他曾在哈佛與茱莉亞學過音樂，並繼續在印度與中國建立鋼琴演奏生涯。他在龜岡市的小屋裡留有一架直立鋼琴，爲訪客演奏他繞梁不去的布拉姆斯與蒙波詮釋。即便如此，他從來不將自己的音樂高舉爲重大成就。他對藝術的觀感評價之低令我震驚，因爲此前我都還將藝術當成是靈性最高境界。

對吉爾奇來說，重要的是一個人是否善良，並且盡力助人。創作或欣賞藝術，靈性層次則低得太多；若身爲偉大的藝術品收藏家或擁有者，就更不值得欣賞，那甚至可能指向某些令人不快的人格缺陷。

那實在是相當受用的教訓，尤其是對才氣洋溢的大衛·基德圈子裡某些人來說。我在晚年相當感激吉爾奇向我指點了另一條路；或者，至少嘗試過。他從來沒有斷絕我對美麗事物的癮頭，如今我依舊耽溺於收藏亞洲藝術品，永遠在努力重現大衛那魅惑人心的起居間。但起碼我知道，一如吉爾奇教我的，欣賞藝術雖是樂事一件，但並不能讓我更富靈性。

聲香

Sho ko – [No] sound, scent

雖然《心經》否定了感官逸樂，藝術仍占據身而爲人的很大部分，因此問題還是在於如何調適。

玉三郎曾告訴我，他在舞台上能感覺到自己令觀眾爲之風靡，將他們席捲帶至絕美之境，他覺得自己成了一名日本古代的巫女（日文讀作miko）。當他在謝幕時舉起雙手擺出凱旋之姿，這位神聖巫女便將劇院裡所有觀眾帶往了另一個次元。藝術家就是撕開遮幕，讓我們一窺對面奇觀的巫女。藝術——不只是人類的藝術，更是自然的壯麗，將我們帶離《心經》冰冷、空曠的世界。

耶穌、孔子與佛陀都對藝術沒有太多指教。然而在數萬年前，我們最原始的先祖就感覺到衝動，因而雕出一尊威倫道夫的維納斯[9]，或是畫出了洞窟岩壁上的鹿。就連尼安德塔人也都創作藝術，以抽象圖案彩繪洞窟，近期才被人發現。看來藝術先行於何謂爲人。藝術也能追溯回何謂爲生。

達爾文在提出演化論時，曾因孔雀華麗的尾羽而大感苦惱，那部位之笨重與累贅，在「天擇」中沒有占據優勢的可能。他在檢視其他物種後得出了結論：動物（通常爲雌性）擇偶往往只靠美感。那或許是一隻鳴禽選上最動聽的情歌，抑或一隻鸛鳥偏愛最魅惑的求偶舞步，又或是一隻雌河豚垂青雄河豚以鰭在海床沙上畫出的最精巧圖案。近期研究顯示，美感內建於動物大腦，連微小的青蛙都有，而且是推進演化最強勢的驅力之一。達爾文稱此爲「美的品味」。

禪宗住持們在不斷參悟空性的同時，也熱愛他們雅緻的正殿與枯山水。他們身旁周遭皆是藝術。《心經》在中國從相當早期階段（初問世後二十年）開始，就與某種特定藝術形式難分難捨，那就是書法。對許多人來說，《心經》幾乎就是揮毫抄經優美動作的同義詞。

無論如何，美學與靈性進展的相容似乎有些不融洽，就像物理學領域還沒有人想出一種「大一統理論」來調和愛因斯坦相對論與量子物理那樣。現有最接近能夠一統藝術與智慧的大理論，或許是蘇格拉底在《宴饗篇*Symposium*》中做過的嘗試，他主張，我們首先愛上的是人類身體之美，才逐漸推及其道德品行。蘇格拉底與達爾文達成了一種出乎意料的共識：人與動物的出發點都是肉身之美；這也就將性愛巧妙地牽扯進來。

藝術以一種從來無人能解釋或為其辯護的方式，表現出了某些深藏於宇宙與我們內在的事物，從冥頑執拗的空性中跳脫而出。

9 威倫道夫的維納斯（Venus of Willendorf）爲一尊舊石器時代女性石雕像，一九八年在奧地利的威倫道夫村附近出土，高約十一公分，豐乳肥臀的體態呈現出生殖能力旺盛的模樣。

味觸

Mi soku – [No] taste, touch

沒有味覺，也沒有觸覺——又有感官逸樂遭到否定。再來看看我的吉爾奇對話錄：

吉：大家喜歡沒頭沒腦奔向藝術。那就是光、聲音、一掠而過的感覺。我認為，不管什麼時候，為了藝術忘乎所以，都是最見不得人的光景。你其實也可以站著俯瞰一座滿是蛆蟲萬頭鑽動的廁所，得到的靈性體驗就跟聆聽貝多芬的音樂一樣純正。

艾：貝多芬晚期的四重奏的確有那麼一絲絲讓我想起萬頭鑽動的蛆蟲。好啦，如果蛆蟲跟藝術傑作一樣好，那何不退回世界全是圈套與幻覺，最好不聞不問的那種想法就好？

吉：不，我認為那種理解會催生出一整套瘋狂的教條，大家最後會相信要是做了愛就必須遭受譴責等等之類的。一個男人看著女人身體產生強烈美感反應、一位女士走進花園看到可愛花朵流連不去，我不相信這兩者之間有多大差別。這些都是肉身歡愉。

艾：世上一切美感難道都只是「肉身歡愉」？

吉：肉身歡愉是作為一種直覺存在，指向我們正在設法達到的境界。它們的絮語不斷從彼岸傳來：那裡的音樂更加優美、那裡的繪畫更為壯麗。所以我們從夕陽或交響曲中得到的歡愉只是一瞥即將到來的奇觀。就連嘗一口好的酪梨醬也是。

艾：我不覺得酪梨醬有哪裡好。

法

Ho – Or dharmas

「法」（日文讀作 ho），字面意義爲「法律」，是早期中國譯經者選來對應 *dharma* 的字。「法」是使用最廣泛，卻又最難參透的佛學概念，指的是宇宙定律，或者泛指所有身心現象，最基本的意義就是「自然」而已。

「法」對應到特定物體或活動上，則是指其運作法則。玫瑰的「法」，是賦予它們獨特性與存在的一切因素，諸如玫瑰的 DNA、花瓣的形狀、香氣，也包括它們綻放的所在，還有爲人類帶來的愉悅感受。「法」即是事物的「常」與「理」。若眼睛感受的是光，心智感受的就是「法」。

由於「法」是這個宇宙正常運轉的法則，理想中的「法」也就被認爲是佛陀的開示，並普遍統稱爲「佛法」。因此世界各地的佛教徒都尊敬「三寶」：佛（佛陀）、法（其開示）、僧（其社群）。

在此經文否定了一切「法」，因爲我們是以不完備的感官與淺薄的心智來感知到「法」。我們時常聽說佛學作家談起你該如何才不會過於理性。玄奘首位高麗門徒圓測強調，判斷對錯、是非等等的「分別心」，讓我們對「法」產生了曲解。他寫道：

以心分別諸法皆邪。
不以心分別諸法皆正。

換句話說，我們越是思考這些事情，就越偏離準心。拋下我們刨根究底的意識，在冥想溫暖的池水裡隨波逐流，這種想法相當誘人。但白隱在《毒語心經》寫下的文字又將我們拉回了塵世。他怒斥：「有眼耳鼻舌身意，有色聲香味觸法。」

前行之道，是善用我們的知性，那便是我們觸及更偉大的智慧、揚升至更高層次的方法。達賴喇嘛寫道：「知性給予我們記得過去的能力，也使我們能夠預見未來的可能——兩者皆既好也不好……最終，人類知性創造出來的不幸，也唯有知性本身能夠紓解。」

圓測主張心不該有所分別，而達賴喇嘛卻堅持我們必須運用知性。這裡的難題是一種類似「色卽是空」的概念：人旣要違抗理性思維，但作爲人類又有責任運用心智。

你該思考到什麼程度，或試著不思考到什麼程度？這是佛教一大難題。

第五部

無老亦無死

無眼界，
乃至，無意識界。
無無明、
亦無無明盡，
乃至，無老死、
亦無老死盡。

經文以否定模式繼續下去，「無」字一遍又一遍反覆，一連串的「無」先否定了一件事物，隨後又否定了那個否定！

佛教邏輯的詭妙創造之一是「四句法」，衍生自梵文「四角」（Catuṣkoṭi），意爲「以四角證明」，也就是以四個子命題證明。悖論大師龍樹爲此道先驅。佛教學者楊·威斯特霍夫將「四句法」的操作概括爲：

P〔命題〕存在

非P（否命題）存在

P與非P都存在

P或非P都不存在

龍樹會逐一檢視並否定這四種陳述，證明沒有任何陳述為眞。只要把「P與非P」代換成「色與空」或「無明與無無明盡」，就能得出熟悉的《心經》四句法風格韻律。

許多人與四句法纏鬥，試圖解釋這些矛盾如何能合乎邏輯運作。這四條陳述怎麼可能同時為假？其中一個解決方案，是把它當成「預設謬誤」（pre-supposition failure）來處理——我們問錯問題了。舉例來說，假如你問「數字三是否為黃色的？」你就預設了數字三具有某種無關數字的性質。

西方古典思維中，「P與非P都存在」就是不可能為眞。根據亞里斯多德以降的邏輯基石「排中律」，對任何命題，其命題和否命題有一者必然為眞。若無排中律，一切科學與數學——或許就連這個宇宙本身——都會消失。所以當邏輯突然出現某些古怪之處，我們自然就會懷疑「預設謬誤」出現。只要釐清一下範疇，難題會自動退散。

不過起碼有一個重大例外，會使得「P與非P都存在」以及「P或非P都不存在」

乍看之下同時爲眞亦爲假，西方邏輯之父亞里斯多德也予以認同，那就是「未來事件」（Future）[1]。

現代物理則以「薛丁格的貓」悖論作爲這種例外的示例。一九三五年，奧地利物理學家埃爾溫．薛丁格進行了一場「思想實驗」，他想像一隻貓藏在封閉箱子裡，如果箱中一小塊放射性物質裡有一個原子隨機衰變，那麼箱中的一小瓶毒藥就會被打破，貓就會死亡；反之，貓就會存活。根據量子理論的古怪預測，那個原子可以認爲是同時完整或衰變——因此貓也可以同時存活或死亡。直到開箱查驗之前，我們不會知道究竟是哪種情況。

這是歌舞伎劇目《道成寺》中舞女與僧侶辯論——舞女伸出握著的拳頭，要他們猜手中的鳥是死是活——的升級科學版本。薛丁格發明了他的箱中貓，來展示量子理論套用在比原子核大上許多的日常物件時有多麼荒謬——一道不可能成眞的悖論。但後來的實驗與理論則證實，這就是現實運作的方式：荒誕不經、毫無道理。實驗室成果一而再、

1 或稱「開放未來／Open Future」、「未來偶然命題／future contingent propositions」。詳見亞氏《解釋篇 *De Interpretatione*》第九章。

再而三地證明那個原子核可以既完整又衰解；而量子理論的不確定性也上綱至越來越巨觀的尺度。

總之，從量子理論觀點來看，只要那隻貓的生死資訊無論如何都不會影響我們，牠就眞的是同時既生且死；一旦牠的生死資訊影響到我們，我們當然就能知道。我們又回到亞里斯多德的「未來事件」：還沒發生的事沒有任何邏輯可言。

從「此刻」以後的下一個剎那量子瞬間起，直到這個宇宙終結爲止，此間所有事情都既眞且假，每一隻貓也既生且死。四句法適用於萬物。

無眼界

Mu genkai – There is no world of sight

這一句否定了「眼界」：透過眼睛認知到的一切。《心經》最密集的「無」字段落從此展開。隨後的經文祭出一連串麻木神智的「無」，緊接著更多的「無」。

「無」是宇宙規模的無物，完全徹底的否定。十三世紀漢文典籍《無門關》羅列的著名禪宗公案之中，「無」的公案獨占前茅，名列第一。公案是這麼說的：

> 趙州和尚因僧問狗子還有佛性也無。
> 州云：「無」。[2]

2 篇名作〈趙州狗子〉。文中的和尚爲唐代禪師趙州從諗（778-897），他重視在日常生活中的修行，留下許多著名公案。

《無門關》的作者無門慧開耗費六年思索才參透了「無」。他在這樁公案的評論上如此寫道：

將三百六十骨節、八萬四千毫竅，通身起箇疑團參箇無字。晝夜提撕，莫作虛無會、莫作有無會。如呑了箇熱鐵丸相似，吐又吐不出。（讓你全身變成一團疑問，用三百六十處骨頭關節與八萬四千個毛孔，專注在『無』一字上頭，日夜不停深究。不要想成『無物』，不要想成『沒有』。那就像是呑了一顆炙紅鐵丸，想吐卻吐不出來。）

「無」是偉大的「空」導致的悶痛，無論思索過多少，就是說不出口。

撰寫這本書時，我在京都發生了一件奇事。我當時正在對一些訪客展示我最鍾愛的大仙院庭園，大仙院是大型禪院大德寺的塔頭之一。大仙院住持尾關宗園是位能說善道的修禪奇人，常可見他坐在大門附近的一張桌子前，桌上高疊對訪客販售的書籍與書法作品。他一看見我就會開始跟我開些有的沒的玩笑。

這次我們一如往常閒聊，接著我和友人準備離去。但正當我們在大仙院大門穿鞋時，我發現這位老住持隨我們走出門口來到了寺前。他示意我離開友人隨他走。他有些話想說。

「你也知道，我們禪宗老是在講『空』跟『無』對吧？」他問。

他要是想給我在那當下竄流全身的驚嚇寒意，大可朝我頭上潑一桶冰水。過去幾個月以來，我滿腦子想的就是《心經》的「空」與「無」！但我從來沒向宗園提過相關的隻字片語。是什麼驅使他跟我談這些？

「你知道『空』跟『無』是些什麼嗎？」他問。

我一陣恍惚，搖了搖頭。他舉出雙臂到身前。

「如果我兩手提了一大堆東西，你還再能給我任何東西嗎？」他問。

我回答：「我猜不能吧。」

「沒錯，因為東西會滿出來。但如果我雙手都是空的，你能給我的東西，不就沒有限制了嗎？『空』跟『無』就是那麼回事。」

語罷，住持轉身離去，一陣輕笑著返回寺內。

乃至

Naishi – And the same for the rest

「乃至」，在此意爲「其餘皆同」，讓我們得以略過列表剩下的部分，直接跳到最後一項。

在此縮略的列表是六識。本著佛教編製列表的精神，經文提到了三組各六項的列表，每一項都與感官相關：

六根（眼、耳等等，至於意）
六塵（以六根接收的資訊）
六識（從六塵獲得的知識）

「乃至」在此相當方便，使得經文不必提及完整列表中的每一項。談到六識時，經文就從第一項（眼界）直接跳到最後一項（意識界），意思是說我們透過六種感官獲得的知識也都是空。

「乃至」稍後會再度用來縮略「十二因緣」。這是保持經文簡短的技法，一顆快轉鍵。「乃至」這個不起眼的字雖然容易被忽略，但對這部經文來說卻相當根本，畢竟簡短就是《心經》成功的祕訣。十萬行的《上品般若波羅蜜多經》是一部壯麗之作，但誰有時間讀？《心經》的篇幅則恰到好處：再短只是一團迷惑，再長則讓人心神渙散。

尤其身在當今這個推特與文字短訊時代，我們的注意力持續時間已經縮減到使得過往的偉大文學、音樂成就（其特徵就是花時間）瀕臨危險的程度。未來只有少數人還會聆聽完整的協奏曲，從頭到尾讀過普魯斯特沒完沒了的長句——只有極少數人還在研讀或朗誦更長的經文版本。

唯《心經》留存。

無意識界

Mu ishiki kai – There is no world of consciousness

如我們所見，釋迦摩尼從一開始就摒棄了靈魂。一千年後，《心經》同樣否定靈魂。但靈魂藉由「唯識」的概念從後門偷溜了回來。

讓這件事成爲可能的是玄奘本人，因爲他連同《心經》帶回中國的，還有早期印度的「唯識」專論。根據這個思想學派主張，我們是經由八種意識境界來領會世界，其中最高的境界稱爲「阿賴耶識」（Alaya），或曰「藏識」。阿賴耶識包羅了我們所能想到的一切（也就是個人的靈魂）。

阿賴耶識若眞能在死後延續，對《般若波羅蜜多經》提出的空性來說就是一道難題。不應該會有眞實存在的靈魂；個人不會有，宇宙也不會有。不過，近似靈魂的某物對禪宗來說有其必要，要不然佛性還能往哪裡扎根呢？如此一來，那種靈魂就是宇宙巨流與神祕佛身的一部分，讓每個人都早已開悟。

禪宗聚焦於每個個體心靈中的阿賴耶識——其強調的重點正如《手冊》一樣，在於徹底的自我信賴。其他宗派則更進一步，將阿賴耶識視爲充盈所有意識、甚至於這個宇宙自身宇宙心（Cosmic Mind，一種對特定藏傳佛教宗派帶來改革性影響的想法）的一種意識。

《華嚴經》中有一首詩以「心畫師」比喻「唯識」而聞名。就像畫家選擇色彩構成畫面，心靈也蒐集念想以創造外在世界的圖像。

> 心如工畫師，
> 能畫諸世間。
> 五蘊悉從生，
> 無法而不造。

這位心畫師大幅影響了後來的大乘佛教思想家。更關鍵的是，它大開「心勝於物」之門。假如意識先行存在，物質後來而至，那麼就騰出了一道空間，讓我們得以在其中藉由觀想與儀式，透過思想中介來影響世界。我猶記得當年研究藏傳密宗初次碰見「唯識」這個概念時感受到一種難以置信的醍醐灌頂。

「唯識」滲透了現代靈性主義。吉爾奇有段時間要我去閱讀賽斯的教誨。賽斯是藉由靈媒珍・羅伯茲傳導的靈性嚮導。根據賽斯所說，這個宇宙是力求進化的巨大單一意識體——也就是說，一位巨大的「心畫師」，因此宇宙自有其意圖。

賽斯的思路可說是「目的論」的（teleological），這個觀念基礎在於世間萬物都有天生內在的意圖與方向。目的論思想家相信進展與演化能帶我們前往更高的境界。

黛安・巴拉克勞是在大衛與吉爾奇身旁打轉的其中一個年輕人，一位在神戶長大的空靈英國少女。對黛安來說，萬事萬物終歸就是一場戀愛。黛安對賽斯理論的解讀是，上帝愛上了那低賤的東西：物質。因此，改善並提升物質的層次是上帝、或說這個宇宙的問題。黛安往往會對低伏於物質層次的我們說，「我們必須不停努力逗這個宇宙開心。」

無無明

Mu mumyo – There is no ignorance

「無明」（沒有光；日文讀作 mu-myo）意爲「無知」；「無無明」念出口則成爲狀聲詞「Mu mu-myo」。無明是佛教列表「十二因緣」裡的第一項，這些因緣是你我在虛妄生命中都會依次踏上的步驟，直至死亡來臨，然後再次輪迴轉世，重生爲另一段虛妄生命。無明觸發了導致不斷轉世重生的因果連鎖，是佛教的原罪、萬惡之根。

無明就是盡信此世之虛妄。正是無明——或靈性主義者所謂的「魅惑／glamour」使我們不停填塞五蘊，即便最終只是徒勞。正是無明使我們憤怒、貪婪、淫蕩、嫉妒，爲種種惡。然而經文卻說：「無無明」。只消看一下你我外在周遭與生命內在的無知，這句話荒謬得顯而易見。無論如何，靈性主義者是從宇宙必然進展的視角來看這件事。「無無明」要說的並非我們當下身在何處，而是朝向何方前行。無知終將減少。

大本教的王仁三郎教導我們，人類正在從物質境界往靈性境界移動。相同的概念也深植於泰國的「三界」（Traiphum）宇宙觀，境界揚升的意識會從宇宙的中心聖山須彌向外、並向上擴張。在底層的我們身困於物質世界，但在穿過喜馬潘（Himmaphan）的魔法森林，並且開始攀登須彌山後，我們會變得更加靈性，直到在山頂消失、進入超脫物質形式的無形國度爲止。

目的論——認爲世界向前推進的觀念，在現代物理中扮演了關鍵角色。時間向前射出無法可擋的箭矢；熵必然增加且無從逆轉。隨著時間推進，宇宙的「突現性質」（emergent properties）會從翻湧的巨大混沌中顯現。次原子粒子被賦予了就那麼幾種性質：質量、自旋數、電荷。這些粒子纏結、聚合，從那混成物當中又出現我們預料不到的各種實體。

一開始有質子、電子、中子；把它們加在一起，就得出帶有全新作用力與電場的各種原子。氫氣與氧氣分子加在一起，就得出液態水。猴子爬下樹來，跑過乾燥莽原，然後就得出人類。細胞與動物不斷演化；在社會中，意識則持續揚升。

吉爾奇對過去不懷半點念舊之情，當年他堅稱，現在的世界已經比他小時候好太多了，雖然他年少時也的確發生過駭人的全球戰爭。就算戰爭終會消失，他仍不改論調。

他以決鬥來比喻這件事。據他所說，「決鬥曾經是處理爭執的標準方式——後來就變得不爲衆人接受。怎麼了？發生了什麼？難道輿論關於決鬥者的風向發生了一次大逆轉嗎？我是不知道。但我認爲，戰爭最終也會變成一種處理世界問題的過時方式。戰爭將會像決鬥一樣，不再是可以想到的選項。」

亦無無明盡

Yaku mu mumyo jin – And, likewise, there is no end of ignorance

雖然「無明」一般解釋爲「無知」，但其眞實意義是「惡」。吉爾奇曾說，「惡是反對大進展的一切。那是殘存下來的古代蠢事。宇宙已經幹過了很糟的蠢事，而我們全是繼承人。有朝一日我們會成爲最神聖的星球之一，但同時我們也都是這個星球的急救小組。」

惡的反面則是慈悲。《心經》以「智慧」爲主題，但佛教傳統上，智慧與慈悲如影隨形，是難分難捨的對偶：陰與陽；*prajna*（智慧）與 *upaya*（善巧，方便）；文殊揮舞烈焰寶劍，觀音攜帶一瓶淚水。智慧是理解作爲人類的使命，慈悲是實際投身去理解的方式。

艾：「慈悲」代表什麼？

吉：實在很簡單。你內心有充滿對同胞的善意與愛嗎？你會將你所欲施予他人嗎？還是你會因為這是在地球的最後一次機會，因而隨波逐流，盡所能生活得完全不靈性？聽起來老套得要命，不是嗎？

艾：是有那麼點老派。道家跟佛家也都在談「道」。

吉：道其實就兩條：高尚之道與低下之道。

吉爾奇與靈性主義者的焦點在於宇宙阿賴耶識前行的大進展，《心經》則道出這一切背後的空。融會貫通這兩種觀點是一大難題，而阿賴耶識最痴狂的信眾之一圖博人，也不得不正視這道難題。永恆不滅的宇宙意識，根據古典佛教來說是不應該存在的。圖博人對此提出的解決方案是一種二元系統：意識僅僅是「可詮釋的」，而空則是最終且「決定性的」。

這種二元系統只是另一個版本的「二諦」。萬物背後皆空，但如我們所見，這並不代表無物存在；事實上，變動不居的混沌存在。然而自那混沌之中會有具備高度進步性質的新實體突現。

二十世紀後葉影響最廣泛的理論突破是混沌理論，證明了純粹的隨機性是如何生成美麗、並不斷增加的秩序度。如同清蓮自原始的淤泥中拔擢亭立，演化也會進展直到存在抬升至水面上、受意識之花加冕爲止。或許正是因爲我們能夠欣賞神祕與事物的突現秩序，而讓人類（與其他動物）得以表現出追求藝術的本能。

大本教的共同創辦人王仁三郎嘗言：「藝術爲宗教之母。」這句話說來古怪，因爲通常這句話會倒過來說：應該是宗教在啟發偉大藝術。王仁三郎則說，不，藝術先行而至。

目的論——突現秩序——能從存在的最基本構成磚瓦中發現。數字僅只藉由自身、不依靠任何「眞實世界」的指涉，就神祕地創生了一個個龐大而美麗的系統。只要做幾次加法跟乘法，就能讓一片數字的無邊蓊鬱叢林拔地而起。其中一個動人的例子便是「曼德博集合／Mandelbrot set」，得名自法／美籍數學家本華．曼德博，他在一九七五年創造了「碎形／fractal」一詞來表示自混沌中產生的怪異、有序系統。曼德博集合包含的是座落在「複數平面」（一軸表示某數的「實數」部分，另一軸爲「虛數」部分）上的一組數字。

曼德博集合以它的電腦模擬圖型打進流行文化，該圖型展現了它如何產生一系列奇妙的羽狀螺旋、起碎沫的波浪與渦卷，細膩程度層出不窮——一切都生自最單純的規則。這些圖案也反映在自然物體的形狀上，從樹葉乃至盤繞的星系。

宇宙的進展始於1＋1＝2。繼而是一場神祕的數與無可預測的質的爆炸，是那「物質世界」背後變化不斷的「空」。接著，出自混沌，緩慢且必然，新秩序於焉生成，那即是大進展。

乃至無老死

Naishi mu roshi – And the same for the rest; there is no ageing and death

經文又按下一次「乃至快轉鍵」，讓我們迅速走過另一套列表：十二因緣。經文從十二因緣（無明、行、識、名色、六入、觸、受、愛、取、有、生、老死）的第一項「無明」，直接跳到最後：「老死」。這是你我各自空性的最終目的，然而經文卻連死都加以否定。

瑪格麗特．尤瑟娜引用哈德良皇帝在西元一三八年垂死之際寫下的語句，爲《哈德良回憶錄》開篇。拉丁文原文僅有十九字，本身就是一部極度濃縮版的《心經》

Animula, vagula, blandula

魂魄狎余，馳騁而魅惑兮

嘉賓莫逆兮伴血肉。
汝今一去兮終流落，
蒼如縞素，僵兮凝、袒兮裸，
投余笑語不復往昔。

哈德良視生命爲一則笑話，視死亡爲徒留遺憾的笑哏。或許我們能將龍樹的「空性」想成是另一種玩笑，因爲「空性」可能正是「荒謬」的另一種說法。生命是一場你我一直在對自己狎昵、馳騁的小靈魂分享的宇宙級玩笑。

《心經》的其中一種讀法，是把它當成一部黑色幽默作品。想像智慧女神般若波羅蜜多身著曼妙貼身的絲袍，走下漫長的迴旋梯，在白色鋼琴前坐下，啜飲一口辛口馬丁尼後，在琴鍵上撳下了一小段震音，然後宣布：「沒有老也沒有死」，接著斜眼看看我們如何反應。

亦無老死盡

Yaku mu roshi jin **– Likewise, there is no end to ageing and death**

智慧女神先否定了死亡，以便我們欣賞箇中黑色幽默；但在我們還沒來得及完全領略這笑哏之前，又聽到天界鋼琴一陣低音爵士亂彈，接著她宣布：「老與死都沒有止盡。」

大衛、尤瑟娜、吉爾奇都死了。隨著我如今年近七十大關，心緒也逐漸擺在死亡上頭。我該去一直想看看的地方旅行嗎？退休、讀書、冥想？種樹？寫完這本《心經》之書？這一切又有何緊要？

認知到你我終將一死，日本人做出的回應是「物哀」細膩精緻的感傷。我曾向一位在義大利共事的譯者瑪莉娜．阿斯特羅洛戈解釋這個概念，她卻說：「抱歉。身爲西方知識分子，那種消極對我不管用。我相信的是深刻投入。如果不能深刻投入在你做的所有事情，那活著要幹麼？」

佛教徒當然思考過那個問題。開悟的其中一個步驟稱爲*atappa*（勇猛，日文讀作yumo，英文譯爲ardency），是「念」的副產物。念往往被呈現爲寧靜而遁入沉思的模樣；但萬物皆空又稍縱即逝的事實，也能驅策我們積極品嘗每段消逝瞬間最完整的玉液瓊漿。

共產主義者在一九四五年後包圍北京，最終在一九四九年占領了那座城市，生活在這舊首都的局勢越來越不明朗。大家都知道以前的生活方式已經結束了。有些人可以往台灣或美國逃，但多數人無處可去。大衛・基德談起他的中國舊識——年輕學者、外籍居民的朋友或戀人、作家、藝術家；每個人都清楚意識到即將臨頭的劫數。

所以他們跳舞。他們在即將被永遠逐出的破舊大宅裡或是老廟前的空地上舉行派對，在頹圮庭園中或紅漆大柱間跳上整晚的舞。那才是你明白每分每秒都珍貴無比時會做的事情。

安德魯・馬維爾知名的十四行詩〈致貴羞怯情人 To His Coy Mistress〉以「假若天地時日俱足／Had we but world enough and time」開頭——不過，當然了，我們永遠不夠用。這首十四行詩的結論是：

包捲你我所有力氣
愛意，揉出砲彈一粒。
扯開歡愉、粗野互搏，
將生命鐵柵全射破。[3]

白隱告誡世人不可「不在」——做事卻不放全心。瑪莉娜·阿斯特羅洛戈肯定會對白隱一幅筆觸粗獷的書法掛軸表示贊同。那上面寫著：

暫時不在如同死人

3 馬維爾（Andrew Marvell, 1621-1678）的這首詩，大意爲敍事者表示人生有限，邀請情人及時共享魚水之歡，字裡行間因而透露著性暗示。

第六部

無聖道且無功德

無苦、集、
滅、道。
無智，
亦無得。
以無所得故……

在這個段子裡，還端坐天界鋼琴前的般若波羅蜜多女神帶來一段炫技演奏。她聲稱：「沒有苦、集、滅、道。」她以這四響轟然和弦，從根本上否決了這「四聖諦」——此即佛教哲學的核心，也是所有人都會同意的那一件事。

四聖諦不只是一份列表，它是列表中的列表，是佛陀最初且最基本的開示，是早於其他列表出現的列表，是不分乘宗、國別的各種佛教學派都會傳授的列表。

生命即「苦」

「集」（苦的起因）是無明與牽掛

超脫無明與牽掛則達成「滅」（苦的止息）
經由正確的思想行動之「道」可得超脫。

你能從這四條公理推導出所有佛教原理。般若波羅蜜多拒絕採納這些公理，就好比歐幾里得在幾何學論文的開頭寫下：「無點、線、三角形、圓形。」——要是沒有那些，又該如何求出直角三角形的弦長以及圓周率？

這個嘛，相對論、量子理論、混沌理論與非傳統拓撲學，要做的正是這些；它們全都推翻了歐幾里得幾何學，科學界因此還在手忙腳亂。這些理論發展的同時，理解這個宇宙物理法則的全新取徑也得以進入視野。般若波羅蜜多以同樣的方式，用她的鐮刀一揮，將一切佛教哲學從根源斬斷。從此，我們必須使用全新公理，從頭建立全新取徑。

女神在鍵盤上又玩了一小段即興，追加一句：「沒有智慧。」她用這句話就否定了釋迦摩尼開悟的本質。佛陀的獨到創見有別於世界上其他教主，認爲智慧能拯救我們脫離苦難；然而根據女神所說，才沒有這種智慧存在。這句經文令傳統佛教徒深感坐立難安。

她還沒完呢。一句額外的稀鬆斷言幾乎像是突然想到那樣從她肩後拋來：「也沒有任何可以獲得的東西。」」

另一個佛教徒珍藏於心的概念是「功德」，能像銀行裡的錢那樣累積起來，以利在下次輪迴時能轉生成更好的存在。如果沒有任何能夠獲得的東西，那麼一個人對佛法的深刻理解、祈禱與冥想，更別說懿行善舉，也就通通都不算數。

無苦

Mu ku – There is no Suffering

「苦」是整座佛教思想殿堂的基石，因而也是《心經》的基石。以往僧侶會在墓地或屍體旁打坐（現在依然有人如此）來參透苦與無常的本質。

苦當然也自成一份列表，包含「四大苦」與「四小苦」。四大苦為生（新生兒隨即開始哭號），以及隨後的老、病、死。四小苦為：愛別離苦（與珍愛的人物分開）、怨憎會苦（與無法忍受的人共處）、求不得苦（想要卻得不到）、五蘊熾盛苦（因五蘊旺盛不穩而帶來的苦）。

佛教的「苦」涵蓋範圍相當廣泛。苦可以是由於戰爭、疾病，或例如喪子所導致的眞正駭人痛楚；也包括僅僅是不得不忍受讓自己感到不快的人所產生的惱怒、或是炎熱天氣帶來的不適感。不論苦痛是大是小，我們都還是需要想個辦法對付。

艾：為什麼宗教著作大多那麼無聊？我們自覺完全忍受不了那些關於愛與同胞情誼的講道時，到底是在抗拒什麼？

吉：我把那叫做「甜言蜜語」。

艾：甜言蜜語？

吉：什麼都說是同胞情誼與光與喜樂；只要加入我們的宗教，就能變得富有、有一群支持你的朋友圍繞身旁、受到上帝賜福，諸如此類。這種就是「甜言蜜語」。那是在一切都成問題時，假裝一切毫無問題的絕望舉動。沒有什麼會來拯救你脫離痛苦與憂愁。那不過是用來掩蓋這種難堪真相、把它掃進地毯底下的作法。

艾：那種著作也很無聊。

吉：那是因為大家想讀到的並不是幸福，而是衝突與受苦。甜言蜜語與寫故事的規則彼此衝突。

艾：那就是但丁跟彌爾頓對地獄的興趣比對天堂還多的原因嗎？

吉：天堂的喜悅無以言表，超出我們能力所及。而我們全都能夠理解地獄，那是因為我們早就經歷過一大部分了。

集

Shu – [Nor] Causes of Suffering

在古典佛教中，苦的成因在於欲求。經文中用來表示「原因」的字爲「集」（日文讀作 shu），意爲「集合」或「集中」，這個術語在梵文中作 *samudaya*（大量）。原因有一大堆，全都結合在一起傷害我們。

然而，苦與欲求之間的關聯並不如我們可能想像的那麼明白。「如果我們能更少欲求，苦難就會減少，幸福就會降臨」，這類想法相當誘人。但那些遭受慘痛悲劇折磨、卻沒什麼特別欲求的無辜之人該怎麼說？那些只是運氣好，出現在正確的時間、地點，就能賺進上億的麻木不仁矽谷企業鉅子又該怎麼說？我們又繞回了命運那無可解釋的神祕，或以佛家語來說，業。

法藏稱這節經文爲「染淨因果門」，並說：「苦集是世間因果。謂苦是生死報。」

（苦與集正是生命之業，可說是生與死的必然結果。）法藏以銳利的直覺掌握到問題根源——業卽生命。有些時候，業是欲求的結果；其他時候，業則不顧一切地發生。

業最簡化的理解方式就是「原因與效果」，是我們惡行的報應，並接上這句：「傷害他人，他們會在下輩子回來傷害你。」要不然也會有其他人物以相似的方式傷害你。總之，他們就是不會放過你。吉爾奇曾說，你一旦傷害他人，就是在創造業的強烈連結。你該先自問，我眞的想跟這個混蛋一路永無止盡這麼糾纏下去嗎？

更加精妙的詮釋，則說原因與效果都發生在靈性層次上。我們的靈魂就像多利安・葛雷藏在閣樓裡的肖像，其他人或許永遠不會看到，但每一道邪念與每一次惡行，都會爲我們的肖像添上一記無法磨滅的筆劃，直到我們變成青面獠牙的魔鬼[1]。

無論如何，「棄絕欲求」都是沒有指望的；既然你還在呼吸，就一定會有欲求，而苦依然會上門找你。話雖如此，想要讓苦減少還是有個訣竅，就在於接受恰好適合你的，不再嫌多嫌少。《手冊》將生命比做一場宴會：

---

1 在王爾德（Oscar Wilde, 1854-1900）的小說《葛雷的畫像 *The Picture of Dorian Gray*》中，主人翁葛雷的容貌永遠年輕不老，但以其容貌所繪的肖像卻因他的惡行而益發猙獰。

有任何東西送到你身邊嗎？伸出手去取用適當的一份。那東西繞過你去了嗎？別攔它。那東西還沒來嗎？別帶著欲望期盼，等它接近你就是。對妻兒產業也當如此，終有一日，你將尊貴足以同諸神宴飲。

以經典枯山水庭園聞名的京都龍安寺，寺院後方有一口石水槽，上面鐫刻了四個漢字——吾、唯、足、知。這四個字剛好構字上都有一個「口」，它就藉由這「口」字玩了一個字型遊戲。將這四個字以共有的「口」（水槽中央儲水的方形區域）爲中心排成一圈，從上端開始順時針閱讀，就能讀出「吾唯足知」（我知道的只有足夠爲何物）。

知道「足夠爲何物」是走在正確方向上的一步，但絕對無法讓你完全免於業力果報。某日，我與吉爾奇在大本教的咖啡廳裡午餐，我自評：「我覺得我有進步。我跟往日敵人達成了和解，消除了不少業障。」我當時起身準備還回托盤，不巧撞到了大本教辦公室的一位年長女士，把她盛著食物飲品的托盤撞翻了，湯汁、米飯、醬菜、茶水遍灑地面與鄰桌。她憤而尖叫，旁觀人士不耐地撇開視線。吉爾奇評道：「看吧，你債才還完沒多久，瞬間又新增了一座山那麼高的業障。」

滅

Metsu – [Nor] Cessation of Suffering

「滅」即爲棄絕欲求——大家通常是這麼解釋這句，不過你還是應該欲求某些事物。

吉爾奇以前會邊喝著他異常迷戀的維也納咖啡（日本這麼稱呼加了鮮奶油與威士忌的咖啡）邊說：「重點不在停止欲求。事實上，你欲求得越強烈越好。規則並沒有說不能欲求；規則是說不能執著。這也就是《聖經》最唬人的宣言：『人所願的也都廢掉』[2]的眞正意思。」

「說是那樣說，不是要你扼殺欲求。」他補充，「你只是要把欲求跟金錢、性愛、藩主宮殿——還有維也納咖啡——等等邪惡，還有讓生命值得的一切事物斷開。欲求就會被轉化成爲願。」

沒有了願，捨不過就是悄聲認輸、絕望地接受這個世界及其乖舛。你能說願是「行動」，與捨的「智慧」成對。

大衛・基德與威廉・吉爾奇的晚年就圍繞著願的有與／或無發展。我剛認識他們時，大衛住在飾以銀箔的房間，與名流富賈過從甚密；吉爾奇則安居在龜岡市屋頂漏水的老房子裡，用錫杯泡茶，在不牢靠的直立鋼琴上為我、黛安・巴拉克勞和其他偶然的訪客彈奏布拉姆斯。

大衛與大本教的相遇在一九七六年輝煌地展開。他從蘆屋宮殿搬進京都另一間大宅。他曾夢想在那裡改變世界，但這未曾發生。大衛樂於給人建議，也成功地讓我或黛安・巴拉克勞這類年輕人的命運發生戲劇性的扭轉。他晚年的問題在於：儘管他喜愛助人，但他想不到該怎麼在他的親密圈外比照辦理。在他厭倦了日本後，一九八五年他前往火奴魯魯，並於一九九七年在當地過世；不出幾年，大衛・基德閃閃發光的神祕世界消失殆盡。

大衛的電梯向下，吉爾奇的則往上。受到吉爾奇的神祕學研究與他那準得嚇人的

2《傳道書》12章5節。

《易經》卜卦誘惑，川流的賓客開始造訪龜岡。到最後，衆人會不遠千里前來，只爲一求吉爾奇那睿智而逗人的建言。

大衛最愛說的一句話是：「生命就是一場與各方各面的無聊永無止境的戰鬥。你必須建造自己的內在電影院。」然而，大衛的機智雖然煥發直至末了，但無聊卻不知麼怎地占了上風。

回到龜岡，吉爾奇繼續精神抖擻地在錫杯裡泡茶，在那越發不牢靠的鋼琴上彈布拉姆斯，對全世界到訪的來者分發古靈精怪的建言。他忙於幫助他人、扭轉他人生命，忙到無聊不起來。

道

Do – Nor the Noble Way

「道」是佛陀開示的集大成——在理解苦及其成因之後所追尋的開悟生命。到了這邊，經文應該不會再讓我們感到驚奇，但在經文告訴我們，就連對聖道也可以無視的時候，還是有那麼點震撼。

不只是道，《心經》中還有其他無數重要教義被提及，接著被否定：

五蘊

六根

六塵

六識

十二因緣
四聖諦
意、心、智
空性、功德、涅槃

基督宗教稱這種集結教條重點的列表為「要理問答」（catechism），那是一份協助大家明白應該相信什麼的列表。如今在英語系國家使用最廣泛的大概是《使徒信經／Apostles' Creed》。它的開頭寫著：「我信上帝，全能的父，創造天地的主。我信我主耶穌基督，上帝的獨生子……」佛教徒可能會在他們的要理問答中說：「我有求於三寶——佛、法、僧。」

古時候的西方人當然相當嚴肅看待這些論信仰的文章。東正教與羅馬天主教爭執了好幾個世紀終至分裂，所爭的也不過是該不該為舊版《尼西亞信經》增加就那麼一個字而已[3]。佛教徒內部也不是一向開明和平，不同宗派（主要是上座部與大乘）之間早已、而且一直在激烈爭論。話雖如此，佛教徒比較少強調要是馬虎地奉行要理問答會有什麼壞事臨頭。

這就要講回釋迦摩尼的木筏之喻。祂假設某人造出一艘木筏，想從危險的地方乘船到安全一點的港岸，如果他在抵達彼岸之後還繼續用手拎著，或是用頭頂著木筏，那是毫無意義的。教義就是用來跨越至彼岸的手段，一旦上岸後就沒有理由繼續抓著不放。打從一開始，佛教徒就被教導：只有對他們有用處的教條能去相信。

這讓我們談到 *upaya*，或曰「方便」此一概念。藏人尤其將智慧與行動（也就是「方便」）視爲讓一切成爲可能的神聖組合。男神與女神往往被描繪爲處於狂喜性愛合一之中，象徵智慧透過行動表現出來。

從「方便」的角度來看，你也能跟經文一起說出：無苦、集、滅、道。這些概念沒有一個是絕對的——它們終究只是宗教教條。只要你的領悟有所深入，盡力展現慈悲——其餘的全都不重要。

《心經》是一部古典宗教要理問答。但《心經》不說「你最好相信這裡寫的一切」，

3 六世紀時，尼西亞信經（Nicene Creed）由拉丁派加進部分字句，進而引發激烈辯論，造成東正教與羅馬天主教會的矛盾。雙方對信經內容的爭議在於「聖靈是由聖父而出，或是由聖父和聖子而出？」，後者說法卽爲「和子說／*Filioque*」。

卻告訴我們：「如果你正在做對的事，就不需相信這裡所寫的任何東西。」

無智

Mu chi – There is no Wisdom

從我們個人信念系統的角度來看，「無智」的意思是說，我們研究過的種種哲學、尤其是種種宗教，沒有任何一種學說能夠給出最終解答。吉爾奇認爲智慧是隨著人類的大進展而來的成長，直到凌駕於全體宗教，通往某種我們現在還只能依稀想像、更加宏大的境界。

吉：拉馬恰拉卡[4]說到人類有三個靈性階段。第一階段是兒童與原始人，在那階

---

4 拉馬恰拉卡（Ramacharaka）是美國「新思維運動」（New Thought Movement）先鋒，威廉．沃克．艾金森（William Walker Atkinson, 1862-1932）的筆名之一。

段人由本能主宰，知性尚未完全彰顯。第二階段，知性取得掌控，處於這階段的人往往為了一己的信念殫精竭慮，催生出每一種相似的宗教排外與仇恨。

艾：當知性的需求多於宗教教條時會怎麼樣？

吉：那就是第三階段。階段三的人會在各形各色的宗教中看見善，並會捨棄過時道德觀底下的罪惡，達到一種渾然合一的意識境界。

艾：你要怎麼進入階段三？在你準備好進入第三階段的時候，才不會想再多聽這類話題。

吉：實際上，在第二與第三階段之間還有另一個階段。想想每一個與宗教毫無關聯，又對即將到來的世界毫無願景的正經人。他們要不是在現代物理的迷宮裡迷了路，就是因為自己沒在打坐冥想或興建醫院而內疚。他們就是呆坐原地而已，無路可去。

亦無得

Yaku mu toku – Likewise, there's nothing to be gained

「功德」的觀念流行於相信輪迴轉世的人們之間，說是功德能藉由做善事累積，存進你在天界帳本的帳號裡，死時就能兌領。如果功德餘額夠高，下一世就有可能轉生進到更優越的境界。

有時，你會看到禪寺掛的掛軸上寫著「無功德」三字。這是一句警語：若你預期會得到什麼好處才做善事，例如爲了前往極樂世界才累積功德，那麼所有功德都會付諸流水。

根據傳說，印度僧侶菩提達摩在大約五世紀早期將禪宗帶往中國，他抵達皇都南京晉見當時的皇帝[5]。

5 南朝梁武帝。

「我登基以來蓋廟，抄經，供養比丘，這樣攢積了多少功德？」皇帝問。

「做什麼都不會有功德。」達摩回覆。

皇帝龍心不悅。達摩只好渡過長江前往北方，尋找更合意的贊助人。

白隱寫道：「放下著抱贓叫屈。」（隨它去吧！賊都揣著贓物喊無辜。）他想說的是，就算你實際上有某些智慧到手，你要不是不能眞正理解，要不就更可能是你根本不值得那些智慧。無論如何，你都不該將智慧據爲己有，所以隨它去吧。

相對於白隱嘲弄的語調，法藏則樂觀得多：「故大品云，無所得故而得。」（大品般若經寫道：『出於無物可得的同樣原因，你得到了一切。』）

以無所得故

I mu shotoku ko – And because there is nothing to be gained...

大本教在一九七〇年代舉辦年度研習的初期，大衛會請大德寺禪院住持立花大龜來演講，並爲學員揮毫。他是在大衛的宮殿拆除派對上揮舞心經紙扇的僧侶浦田的師父。

某年，在大龜演講結束過後，大衛帶了一位名叫平．阿蘭南的年輕泰國學員來到住持跟前，並說：「您能爲這位年輕人寫點什麼嗎？」大龜在一大張紙上揮動巨大的毛筆，龍飛鳳舞地寫下：「日日是好日」。研習結束後，這幅墨寶就送給了平，留作紀念。大概不過一個月後，平的母親在曼谷遭人殘忍殺害。發生這種駭人聽聞又慘絕人寰的意外，怎麼可能會是「好日」？然而平依舊留著那幅墨寶，掛在家中牆上。

這句話的關鍵在於 *upekkha*，佛教平等捨的美德，它在閱讀《心經》的過程中不斷出現。如我們先前所見，對應 *upekkha* 的漢字「捨」表示「丟棄」，它代表的是面對生命哀戚時的順服，面對生命暴虐時鼓起的勇氣，同時還力求維持佛陀般的安詳微笑。

平理解「日日有好日」這類句子背後的深刻悲憫；那是每天的驚恐、疑懼都溢於言表時才會說的話。十二世紀的中國詩人辛棄疾在某首詩中表達出痛心，詩中說他還年輕時喜歡登上高台，大聲朗讀憂愁悲傷之詩，但如今他年紀大了，也完整品嘗過憂愁爲何物。他作下結語：「而今識盡愁滋味，欲說還休。欲說還休，卻道天涼好個秋。」

第七部

心無罣礙

菩提薩埵

依般若波羅蜜多故，

心無罣礙。

無罣礙故，

無有恐怖。

從這段開始，經文準備從黑暗中上岸了，我們能看到開悟之光在頭上閃爍，在水中折射成漫長光紋。現在我們抵達《心經》的中點，經文在此開始給出一絲希望，而不只是否定。

南禪寺的蓮沼良直指出，《心經》盛行於日本各個佛教宗派，唯有淨土眞宗除外。淨土眞宗信徒相信，如果全心全意信奉西方極樂世界的阿彌陀佛，祂就會來救濟你。如良直所言，他們對「空」的興趣並不比「願」——這願說的就是被救濟的願望。誰需要「空」呢？「願」才是大家的眞實欲望。《心經》到這一段，終於有了一點點的「願」。儘管一切皆空，我們還是可以指望某些事情發生。至今徹底否定一切的經文，正要告訴我們還有一條脫離恐懼與憂慮的道路。你也能說，時至此刻，般若波羅蜜多女神終於綻放微笑了。

菩提薩埵

Bodaisatta – The bodhisattvas

菩提薩埵（菩薩）已開悟得道，廣顯慈悲，超脫塵世間的你死我活，感覺起來遙不可及。然而，據說有一位菩薩相當靠近我們，就位在你我當中，即爲「菩提心」（佛心）——想獲得智慧與善的欲求。

達賴喇嘛說：「沒有比菩提心更具美德的心靈，沒有比菩提心更加強大的心靈，沒有比菩提心更充滿喜樂的心靈……每一種尋常與超凡的力量，都能藉菩提心獲得，因此彌足珍貴。」

以防我們無法獨力感應到菩提心，宇宙自有各種奇招，將我們朝那個方向推上一把。我們已經在佛教著作中聽說過種種成爲菩薩的美妙之處，但鮮少讀到如何修成一位菩薩。吉爾奇在這個主題上能給出一大堆實際建議，首先就從「北極歇斯底里」（Arctic hysteria）與「扒個精光」（Stripping）的觀念說起。

他指出靈媒在獲得異能之前，通常會先經歷一段充滿疾病與災厄的時期。一個惡名昭彰的例子或能見於十九世紀格陵蘭因奴特的女性巫師。她們會罹患一種怪異的疾病，症狀包含癲癇、噁心與失憶，西方探險者稱此爲「北極歇斯底里」。在歷經數月、乃至數年的北極歇斯底里後的某一天，她們的療癒與靈視的超自然力量就會覺醒。

對其餘的我們來說，將我們趕向靈性的驅策會以「扒個精光」的形式來到。

吉：在你開始做新功課之前，祂們會為了讓你動起來，而把你扒個精光。你的財物、你的朋友、你的理念夢想，一切都會脫離。最佳應對之道就是雙手一攤，任它們全部離去。

艾：「扒個精光」的主要用意就是要教你學會放手嗎？

吉：聖人大多就跟其他人一樣，也是邊掙扎尖叫、邊被捲進這個階段。不到緊要關頭，他們不發願立誓。

依般若波羅蜜多故

E Hannya Haramita ko – Rely on Hannya Haramita, and therefore

大衛・基德十分耽溺於電動機關魔術。在用來展示重要藝術品的「床之間」（壁龕）裡，一尊莊嚴的鎌倉佛像就安置在一大片珍貴的櫸木臺座上，只要按一下按鈕，乘載佛像的臺座就會升起，下方會出現一部巨大的電視機。庭院門前的簾幕也能用遙控器打開，有時還會帶來驚喜。坐在起居室欣賞藝術品的漫漫長夜過後，簾幕會霎時分開，嶄露室外草皮上晨光閃爍。

大衛說，他有回夢見自己按下按鈕，準備向賓客秀出這招庭園晨光。但當簾幕滑開時，外頭一片闐黑。在玻璃門外綿延的是宇宙的無邊遼闊，星光熠熠。他們在虛空中漂流。

那正是《心經》予人的驚懼、卻又興奮之感：漂流在廣大夜空之中，凝望宇宙一切奇觀——就只剩你跟宇宙。

因此，「依般若波羅蜜多故」這幾個字也就略顯格格不入：究竟還有何能「依」？白隱注意到了這一點，並以一貫的輕蔑回應，寫道：「苦屈苦屈，若見一法可依，怙薦地須吐却。」（哎呀，哎呀！噎到我了。如果你發現一種可以依靠的法，立刻把它吐出來！）就白隱觀點來看，般若波羅蜜多是超乎一切物質形式、凌駕所有表意之上的圓滿智慧。從我們獲得如此智慧的那一刻起，除了我們自己之外，就不再需要依靠任何事物。也因此「依……故」是冗贅措辭，白隱的結論是：「只恨畫蛇添雙腳。」

心

Shin – The heart

十三世紀的日本曹洞宗祖師道元從中國返回日本後，被問到帶回了哪些佛經。有別於從西天取經之旅歸來的玄奘用綿長的馬隊馱著成千上百卷佛經，道元答說：「我空手而回，一絲一毫佛法都沒帶上。」

別人又問他：「那你學到什麼？」

道元回應：「只稍微學了點柔軟心。」

「柔軟心」是日本留學生們在海外學到的重要一課，從十三世紀的道元乃至於二十世紀的科技鉅子孫正義皆如此。

柔軟心其實又是「捨」換了個門面——不顧我們無能掌控局面的現實，依然展現出堅忍奮發。不喜歡的總統候選人當選了、飛機失事、身體細胞正在決定要維持良性還是轉爲癌變；我們什麼也做不了。

《手冊》這麼傳授「捨」的技巧：

那麼練習從一開始就對每道令人難熬的心象說：「你不過是一道心象，絕非看起來的那回事。」接著這麼檢驗並測試它：這道心象關乎的事物是否操之在己；若它關乎的事物操之並不在己，那麼準備好回答：「與我無關。」

一如《心經》再三闡述，我們全都被禁錮在一個物與事倏忽即逝的宇宙當中。我們無法實際掌控任何事物，除了自己的心——話雖如此，還是有其極限。對於生命中幾乎一切，我們都應該準備好說出：「與我無關」。

這本書從大衛．基德位在蘆屋的宮殿被拆毀的那天開始下筆。但大衛在此之前早就損失了另一間還更大得多的宮殿；一九五〇年，共產黨將他與他的中國家人強迫逐出位在北京的百室大宅[1]。大衛爲《紐約客》寫當年故事時憶往道，在他離開北京、準備返回美國前夕，他探望了家族的年長主母——當時已改住進茅屋的秦姑（音譯）。大衛問起那些藏在牆壁裡、本來能夠拯救他們的黃金，但她似乎忘了帶走。

「不是我放棄了那金子，」她說，「是那牆壁放棄了。我只能讓東西隨它們自己去罷。屋宅、人物、桌椅，莫不是順著改變不了的命運，兀自更迭替換。假若東西想要走樣、遺失還是損壞，我們什麼辦法也沒有，只能隨它們去。」

1 大衛．基德旅中時期，曾入贅民法學家暨瓷器鑒賞家余棨昌（字戟門，1882-1949）門下。余氏莊園位於紫禁城西北毛家灣街區，共黨占領後則成爲林彪住所。

無罣礙

Mu kege – Is without encumbrance

「罣礙」（日文讀作 kege）是心鏡惹上的塵埃，是煩惱（日文讀作 bonno）或雜念——美貌、恐懼、嫉妒、魅力、財富，以及其他令你深陷虛妄此世之「魅惑」的種種糾葛。

十九世紀的道家賢者在竹林聚首談扯玄虛時，他們手裡揣著長毛撣子，揮去炎夏蒼蠅。這些彼時稱作拂子（日文讀作 hossu）的撣子，後來就象徵「拂去牽掛之蠅」，用以象徵「清談」，亦即毫無金錢、性、政治等塵世低俗話題的對話。

道家的蒼蠅撣進入了佛教禪宗裡，有時，你會看到畫中的達摩或其他禪師手握拂子。我收藏了幾把拂子，策略性地部署在家中各處。就提升對話水準來說，它們的效果有限，但這幾把拂子時不時映入我眼簾，警醒我應當與賓客談論的話題究竟爲何。

冥想過的人都知道，要讓心中毫無罣礙雜念，起碼加總起來別超過一隻嗡嗡作響的蒼蠅那麼大，是一件何等困難的事。對多數人來說，光是心中毫無塵世牽掛地過完一天，就已是一項近乎超人的絕技。當我們設法擺脫牽掛與執著，就是經文所謂的「心無罣礙」。如果那種平靜、自由的感覺能持續超過一剎那，就算是相當幸運——我們找到眞正的喜樂了。

我曾有過一幅畫著拂子的掛軸，上面有位禪院住持寫下：「竹蔭拂偕塵不動」[2]（我在竹蔭下揮動拂子，灰塵卻不爲所動）。

2 文中的禪師，是指中原南天棒（1839-1926）。

無罣礙故

***Mu kege ko* – And because it is without encumbrance**

蓮沼良直說，擺脫我們一塌糊塗存在的提示，就在於「罣礙」的「罣」字。「罣」（日文讀作 ke）意爲「障礙」，字型由兩部分組成：「四」字在上，「圭」（權杖）字在下。良直從「圭」字看似圖表上縱橫直線交錯的字型，將罣字下半部解釋爲「所有路徑：東、西、南、北」；沉重盤踞在「圭」字頭上的「四」則代表四方路徑都阻礙不通。只有一個地方能去，良直這麼說：「超脫這一切之上。」

「一切之上」是吉爾奇最喜歡的方向。

> 吉：我準備睡覺時，發現自己置身在一場偉大集會之中：柏拉圖、蘇格拉底跟伯里克利斯[3]都在。他們全都站在一片美麗的樹林中，我心想，「噢，要是能

加入這群人該有多美妙才好！」可是當我走近時，蘇格拉底搖頭說：「別、別。」然後往上一指。

那一指的意義如今對我來說清晰無比：應該讓我發揮才能的位置並不在頂尖智者與社會賢達之間。他指引我遠離地球上的智慧，匯入宇宙巨流。後來我把這件事告訴大衛，他覺得這太好笑了。

艾：不該跟社會賢達攪和在一起的想法，對他來說應該很可笑。

吉：偶爾我做了某些對這世界來說太過分的事情，大衛還是往上一指！

3 伯里克利斯（Pericles, 約 495-429 BC），推動雅典民主政策改革的古希臘名將暨政治家。

無有恐怖

Mu u kufu – There is nothing to fear or worry about

亞歷珊卓．門羅是跟我及黛安．巴拉克勞一起跟大衛混的年輕人之一。某段時期，她考慮在立花大龜住持的督導下從事佛教聖職。「但是呢，」亞歷珊卓說，「當我意識到自己最終是要進尼姑庵，那想法就阻止了我。我跟大龜說，我只能婉拒這項殊榮。他哼了一聲，探進衣櫃裡拉出一根捲軸說，『給你啦，拿去。』那捲軸上寫著：『信疑勇』。」

大龜的三項原則當中，大可省下筆墨，不寫「信」字。《心經》中無信，有的只是疑與勇；只有質疑，尤其還沒有能夠盼求的事物，但別放棄——還有什麼比這更好的「勇」字定義？

事實上，「勇」或許就是《心經》的終極教義，與稍早提及的 *atappa*（「勇猛」或「投入」）息息相關。事實上，*atappa* 的中文字是代表勇氣的「勇」與強烈的「猛」二字組合而成。《心經》幫助你召喚出面對艱困局面的勇氣，就算境遇沒有半點安慰可尋；《心經》也幫助你召喚出當一個好人的勇氣，就算沒有任何合乎邏輯的理由去當個好人。

最近我在思索《心經》與勇氣時，注意力被某人上傳到臉書的短片吸引過去。影片中有個小孩，看上去約莫四歲，試著爬上溜滑梯的階梯。那個男孩沒有手腳，而他的母親不斷鼓勵他。不知不覺間，在經歷過許多小小意外之後，他成功攀上了頂端，滑下滑梯，臉上帶著天使般的微笑。

這讓我想起恐懼與苦難的另一面，也就是勇猛與相伴而來的美德：奮發。愛比克泰德在《手冊》裡說，掌握厄運有兩種方法：簡單的或困難的。困難的方式就是憤怒跟沮喪；承擔壞事比較容易的方法，就只是保持奮發昂揚。反正壞事橫豎就是會發生，所以人也該樂觀面對。

達賴喇嘛就是這種勇氣的一個榜樣。他鼓起一種不可磨滅的振奮樂觀，儘管圖博的現實局勢沒有令人感到振奮的理由，達賴喇嘛卻持續微笑。

第八部

達成無上圓滿開悟

涅槃

遠離一切顛倒夢想，
究竟涅槃。
三世諸佛
依般若波羅蜜多故，
得阿耨多羅三藐三菩提。

論《心經》的衆家筆者會將經文拆分成五、七或十個章節不等，但無論如何切分，他們都認同有一道巨大分水嶺存在，橫亙在能以心智理解的前篇，以及無法以心智理解的後篇之間。

這一段經文標示出了前半部的終點。這座推理思維金字塔，以觀音宣稱「五蘊皆空」的開頭幾行奠定基礎，在此以涅槃與開悟攀上巓峰。

八世紀的印度僧侶蓮花戒論師，形容《心經》是一連串的教義或「道」，並在這段他稱爲「無學道」的經文處迎向高峰。這個概念被藏傳佛教吸收，達賴喇嘛至今也使用同樣的措辭。

蓮花戒同時也因參與「拉薩法諍」而為人所知，這是一場在西元七九二至七九四年間舉行的辯論，由吐蕃皇帝贊助，辯論兩造是「漸修」對「頓悟」。印度偏好的漸修，主張人必須藉由漫長的鑽研與奧祕修行來達到開悟。中原禪宗提出的頓悟，則主張人可以突然獲得開悟，無需仰賴任何特殊技法。

論壇上，一方是中國禪僧摩訶衍，另一方則是蓮花戒。蓮花戒駁斥極簡主義者的禪宗，支持印度的奧祕教義，被宣布為辯論的勝方；摩訶衍則逃離吐蕃，也因此，禪宗從未像後來在日韓兩地那樣流行於圖博。

我們在這個段落抵達目的地。開悟就在此處，此刻就在你我身邊。蓮花戒稱這段為「無學道」，乃是因為我們已經接近理性思維的極限；過了這一段，我們就要把理性拋諸腦後，擁抱神祕。

遠離一切顛倒夢想

Onri issai tendo muso – They escape all absurdities and fantasies

我還在撰寫這本書時，做了個遺失鑰匙的夢。我把鑰匙遺落在了《心經》某段某處，發狂似地找，但依然遍尋不著，直到我終於滿身大汗醒來，都還在想那串鑰匙究竟是在哪一段經文裡弄丟了。

我想，我在尋找的鑰匙，就是通往自己捨心的那串。儘管《心經》充滿智慧，捨的美德卻令我困惑，尤其是我自覺在談到政治時，情緒只會越發激動。釋一行說，與捨（平等見）攜手而至的是「平等智」（wisdom of equality），或說「將眾生視為平等、不細辨他我的能力。衝突發生時，就算深切我們的利害關係，仍要保持不偏不倚，並且要能去愛、去了解雙方。」

一陣頹喪感讓我領悟到，這幾十年來推敲《心經》，我反而比以往更遠離「遠離顛倒夢想」。我想起作家梭羅評老年人的無用：「最最睿智之人，是否光憑活著就能習得具備絕對價值的智慧，簡直令人懷疑。」或許——總該有人說出來了——《心經》的不偏不倚之道，對多數人類而言就是不可能達成的。

實際上我也並非第一個有如此想法的人。十二／十三世紀的日本僧侶法然與親鸞師徒，兩人的教誨分別奠定了淨土宗與淨土眞宗。他們倆都相信我們活在一個稱爲「末法」的糜爛晚期時代，此時佛陀的話語已遭遺忘，因爲眾生駑鈍，無法理解。親鸞寫道：「吾人身內滿是無明煩惱；諸多貪婪、憤怒、脾氣、嫉妒、種種忌羨之情，一刻也不漏地藏在心中，至於臨終也不止息、不消散、不減少。」

萬一眞是如此，那麼誦念或閱讀《心經》也就毫無意義。親鸞的師父法然則嘲諷了想要藉由研究佛教文本獲得什麼好處的念頭：「在此末法時代，尊崇釋迦教法並動身修行的有情眾生，悟道者一人也無。」法然與親鸞的答案，就是放棄佛經，專心致志膜拜位在那西方極樂世界的阿彌陀佛。

很不巧地，我個人沒有多少意願仰賴什麼神明去獲得救贖，所以我還沒轉往膜拜阿彌陀佛，而是持續在《心經》裡尋求解答；即便如此，正如法然與親鸞的指教所言，在時運不濟時，經文感覺起來似乎提供不了多大幫助。不知怎麼的，我至今仍盼望著取得內在平衡，好成爲一個正派的人類，同時那鑰匙依然遺落在《心經》裡的某處。希望我很快就能從這場夢中醒悟過來。

究竟涅槃

Kugyo nehan – Reaching ultimate nirvana

Samsara（輪迴；「大千世界」）與涅槃共存於同一條量表的兩端。量表的低端是輪迴的紛擾，高端則是涅槃的安寧。你不可能突然就從某一端跳到另一端，那一路上有某些必經步驟。

有一種橫跨東亞的信仰，相信世界階序是以廣大無邊的須彌山爲中央展開。這種信仰最完善的表述，是泰國在十四世紀編出的「三界」宇宙觀。根據三界觀，「欲界」（Kama Phum）位於最底層，而「色界」（Rupa Phum）（以《心經》的「色」字表示）處於中段——那就是我們生活其中的世界。在我們世界的中心矗立著一座巨大無比的山——須彌山，其高聳入天，到達第三界，也就是「無色界」（Arupa Phum）。

圍繞須彌山的是四片海洋、四座大陸，以及七圈山脈。在此世與須彌山坡之間的山麓，座落著一片名爲「喜馬潘」的神奇森林，那是一片迷離境界，野生天人在此漫步，人類與鳥獸花草交合，混生出各種奇異可愛的生物。泰人向來鍾愛喜馬潘，許多藝術作品都致力表現這個主題。日本人與中國人則側重於山峰本身。雖然仔細想想，禪寺中的枯山水也能視爲一種特殊版本的極簡風喜馬潘就是；一座毫無樂趣的樂趣庭園。

穿越了喜馬潘森林，就是挺入無色界的須彌山，那裡就像豪華高樓公寓，神性較低的神祇住在較低樓層，更加超凡的神祇則在更高的樓層坐擁公寓。遠高於須彌山頂之處，是「無塵法界」綿延，那是向外擴張的無形天球，猶如展開的傘蓋罩頂，在此就能找到無上圓滿的靈性存在。層層天球越往外就越顯空無清淨，直到一切最終消散於涅槃。

須彌山就反映在全亞洲的佛寺設計上，從東南亞的吳哥窟與婆羅浮屠這樣的巨大遺跡、到日本的寺院建築群中都能窺見它的影子。日式佛塔的基底就是我們的色界，其上每一層屋簷都代表遠離物質境界的悟道階段其中之一。最頂層的屋簷與屋椽象徵最崇高的神祇與菩薩棲居的境界；不過，連這裡都還不算至高無上的境界。

在頂層尖峰上矗立著一根高聳纖細的尖塔，上有金環圍繞，這些金環象徵了無形的「開傘」境界。最終，尖塔收窄成爲一點，而在其收斂消失之處、在那尖端之上無有一物的空中，正是涅槃。

三世諸佛

Sanze shobutsu – The buddhas of the Three Worlds

「三世」通常被認爲指的是過去、現在與未來，並表示《心經》裡終究存有某種時間元素[1]。無論如何，這個措辭的關鍵在於「諸佛」。蒙塵古剎的門扉滑開，我們無語而立，黑暗中閃爍光芒的佛像林立成排。祂們就是在我們之前、以及將在我們之後到來的諸佛。

佛應該是一種圓滿的存在，但也不禁讓人猜想，這種玩意究竟可曾存在過。「菩提心」是追求圓滿的目標與欲求，而非用來測度你修到了哪一層境界的量尺。在我心目中，這些佛像代表的是在混亂與心碎中力求精進、以成爲好人的善男子善女子，就跟你我現在努力所做的一樣。

經文此處讓我想起如今已逝的故友先師；爲我們指路的僧侶與詩人；將在遙遠的未

來求道的青年。他們就是三世諸佛。我們早已步入寺中，發覺身畔有朋友相繞。

1 譯注：參照第一部「時」一段。

依般若波羅蜜多故

E Hannya Haramita ko – Rely on Hannya Haramita, and therefore

早期佛教所謂的涅槃，就是滅絕；佛陀消逝於涅槃之境，什麼也不留。但自二／三世紀的龍樹以降，則普遍認為，涅槃就發生在物質世界的現實當中，並且同樣虛妄無常。悟道之人看透了一切，接著回過頭來幫助他人。

有一組起源自十二世紀中國的短詩搭配圖畫，叫作《十牛圖》，描述悟道途中的各種階段。前五張圖為：

1. 尋牛
2. 見跡
3. 見牛

4. 得牛
5. 牧牛

到捕獲那隻公牛爲止的環節看來相當費力，尤其是〈牧牛〉，我們多數人都會卡在那一關。這些是修行五步驟，也就是自我精進的苦功，

6. 騎牛歸家

牛被馴服後，你「騎牛歸家」，獲得自由。我家裡就有一卷這樣的掛軸，上面描繪一位男孩坐在公牛背上吹著笛子，他滿不在乎地面朝後方，對世間毫無牽掛。我喜歡在烏煙瘴氣的日子裡把它掛出來。

接下來的兩張圖爲：

7. 忘牛存人
8. 人牛俱忘

了。

〈人牛俱忘〉一圖常被畫成一個空心圓圈。我們已經悟出位居《心經》核心的空性

但《十牛圖》沒有就此打住。接下來還有兩張圖。

9. 返本還源

〈返本還源〉被描繪成帶有流水、高山、花鳥的場景。

10. 入鄽垂手

最後一張圖，畫著一位福態和善的智者，與吉爾奇不無相似。他走進市集裡；如今悟道了，他要回歸社會。

得阿耨多羅三藐三菩提

Toku anokutara, sanmyaku sanbodai **– They attain supreme, perfect enlightenment**

總結經文「理性」部分的這一行重要無比，不過，卻也是略顯莫名其妙的一句，因爲「阿耨多羅三藐三菩提」對多數現代讀者是毫無意義的。這些字是由梵文 *anuttara samyak sambodhi* 音譯而來：*Anuttara* 意爲「無上」；*samyak* 是「圓滿」；*sambodhi* 代表「開悟」。這是一句古話，起源可追溯至佛教最最早期，指的是釋迦摩尼的原版開悟。

「無上圓滿的開悟」標記出《心經》的巔峰，描述出見到般若波羅蜜多的圓滿智慧，並樂在其中的心識，回到最初觀音菩薩所承諾的精神解脫，我們出現在至福與自由的光中。

若眞是這樣就好了！也許開悟並非我們眞能企及的境地，而是只能夢想或冀求的東西。十世紀中國禪宗開祖法眼把開悟稱爲「月」，而把自我精進的功夫稱爲「指月」。

我珍藏的掛軸之一，是江戶時代大德寺某住持的墨寶，寫著「望美人兮天一方」（我凝望著遠在天空一角的美人），此句出自蘇東坡《赤壁賦》。「美人」指的是月亮，代表我們不斷追求卻從來碰不著、不可能而且永遠到不了的理想。被問及爲什麼想成爲歌舞伎演員時，坂東玉三郎答道：「我愛上了一個無法觸及的世界。」他想表達的是一種令人隱隱作痛的渴望，渴望成爲更爲偉大、更爲美麗的某種存在。

禪宗講「悟」（日文讀作satori），也就是靈光一閃的理解。思索不可解的公案，重點在於強迫人進入「悟」的境界。那是看見、並認識內在靈魂與宇宙的一瞬間，就像大衛·基德那篇未獲刊登的故事中，失眠男子走下樓梯時短暫變身爲神聖濕婆；當然，洞見帶來的喜樂會磨耗殆盡，你再次雙腳觸地，從「悟」返回日常。

吉爾奇說「悟」就像上帝帶領摩西來到懸崖上，讓他得以在那裡遙想位於遠方的應許之地。摩西看得到應許之地，但他在能踏足那塊土地之前就死了。「『悟』就是偷偷摸摸地先睹爲快，」吉爾奇說，「你還是得做好你的份內事。」

雖然經文聲稱「祂們得到無上圓滿開悟」，我懷疑「得」的部分對多數人而言實際上是遙不可及的，就算可能發生，也是稍縱即逝。那便是法眼與揮毫那幅墨寶的大德寺住持所要傳達的洞見。至於我個人，每當我在天空一角看見滿月時，就想到：那是我們鎖定的準心，但永遠無法得手。

倒也不必難過。般若波羅蜜多說的就是空，它如清爽春日一般透徹，帶著某種靈性之輕一同來到。道元在他的《心經》論文中，以一首從中國師父那學來的輕快詩歌[2]做出總結：

通身是口掛虛空，
不問東西南北風，
一等與渠談般若。
滴丁東了滴丁東。

2 道元禪師的師父是天童如淨禪師（1163-1228），此詩作名爲《風鈴偈》。

第九部

大神咒

咒

故知，般若波羅蜜多
是大神咒、
是大明咒、
是無上咒、
是無等等咒。
能除一切苦，
真實不虛。

來自印度錫金邦的藏傳喇嘛多摩格西仁波切，是大衛．基德蘆屋宮殿的訪客之一。多摩格西是一位「轉世喇嘛」，我後來才發現他的系譜能一直追溯回舍利子，也就是《心經》最初的聽者。他在一九五〇年代被中國監禁，而且遭受酷刑，最後因時任印度總理尼赫魯的個人籲求才終獲釋放。多摩格西發現我在學藏文時說：「你會需要這個，」並遞了張紙給我。

紙上寫著一段有一百個音節的咒語，叫做《百字明》[1]，是圖博最強大的咒語之一，他建議我每天誦念。我持續誦念《百字明》好幾年，就連現在手邊都還留有一張。我至今還能背出某些段落，而我格外喜愛的是靠近結尾的五個神祕音節：「呵呵呵呵斛！／*Ha Ha Ha Ha Ho!*」

《百字明》是我的第一首梵咒。這一百個音節可被詮釋出某些意思，但它的眞實意義大抵是一團謎。這是由於梵咒屬於一種梵文稱爲 *samdhya-bhasa*，或曰「暮語」（twilight language）的密碼溝通法，具有剋邪招善的力量，但那股力量的深邃源頭超乎多數人理解。打從一開始，《心經》的譯者玄奘就對《心經》裡的梵咒寫道：「已上密說般若。此五種不翻之一也。蓋咒是佛之密語。非下凡所知。」

今日衆人傾向輕描淡寫地帶過梵咒元素，因爲他們不太確定能就此發表什麼高見。不過古人卻認爲眞言才是主要重點所在，玄奘、法藏、空海與其他衆多僧侶，都視梵咒爲經文眞正關乎緊要的部分。據信，梵咒是將整部經文壓縮成寥寥幾字——不只是《心經》本身，而是所有智慧。以十八／十九世紀的圖博僧侶貢堂的話來說：「八萬四千教義的精華就在於《般若經》，而《摩訶般若經》等等的精華就在於《心經》，而《心經》的凝練要義就在於這段梵咒。」

這部經文作爲凝練智慧之外，實際上就是一首魔法咒語。今日論著者貌似對於這種迷信元素表現出一定程度的羞恥，並將魔法面向粉飾成「象徵主義」加以詮釋。多摩格西肯定不是這麼看待。他動用梵咒，乃是因爲梵咒有效。他告訴我：「我通常會覺得仰仗我自己種下的善因即可。但坐在飛機上可就是另一回事了，我的命運與其他幾百名乘客休戚與共，有時我能感受到他們的惡業就盤繞在飛機周遭，察覺到那些惡業足以壓過我的善因。所以我會爲了全員平安而誦念《百字明》。」

從這裡開始，我們踏入了魔法與神祕的世界。對前現代的人們而言，這裡便是經文的深厚力量所在。對今日的讀者來說，此處就稍嫌誇大，但放在我們的科學時代裡看，又自有其禁忌魅力。

我們就像普魯斯特《追憶逝水年華》裡頭被盛裝浮誇的夏呂斯男爵帶著蠻橫氣焰瞧不起的那些火車乘客。但是「要是夏呂斯男爵沒出現，他們簡直會失望於僅只能與無異於大眾的他人共度車程，而無法享有這麼一位油頭粉面、大腹便便、扣頭緊繃、令人想起一口洋溢異國風情卻又來源可疑的箱匣、吐露著一想到其滋味就能讓人反胃的古怪水

1 《百字明》（Yiggya）全稱爲《金剛薩埵百字明咒》。

果氣味的人士相伴。」

要是沒有這段梵咒，我們就像與「無異於大眾」的他人共度車程，旅途中就不會有散發著古怪甚至駭人氣味的異國箱匣，那麼這部經文就會流於又一部哲學作品，永難飛登妙境。

故知，般若波羅蜜多

Ko chi Hannya Haramita – Thus they know that Hannya Haramita

玄奘在西元六三〇年前後行旅中國西部，有一次他正跨越荒漠。雖然那裡連半點鳥獸草木都看不到，他卻發現自己遭受惡鬼包圍。他向守護神觀音菩薩禱告，但毫無效果。不過在他誦讀《心經》時，惡鬼卻驚聲尖叫、消失無影。「在危急之際拯救我的，是我對這份至寶的依賴。」他後來寫道。

從此之後，《心經》、尤其是其梵咒，就被認爲具有超自然力量。到了八世紀中葉，它的名聲已遠揚日本，甚至令奈良的淳仁天皇頒布以下詔令：

據言「誦四句偈〔梵咒〕則無憂而願成」。是故，若天皇誦此經則戰亂不入國門，若平民誦此經則疫病不興。斬災厄招福德，此經無上。詔令全國，不分男女老幼，凡起座行步口閑時，皆當誦摩訶般若波羅蜜多。

梵咒帶我們回頭討論「心勝於物」的部分。龍樹有一句名言：「若人信於空，彼人信一切；若人不信空，彼不信一切。」龍樹所說的「信一切」，描述的是我們今天所謂「空隙中的上帝」（God of the gaps）。「空隙」是物理學與數學中的模糊地帶，決定論在此崩塌瓦解，不可知與隨機性襲來。

就次原子粒子而言，海森堡測不準定理（Heisenberg uncertainty principle）告訴我們，粒子的位置與動量永遠無法同時確知。量子理論主張一切皆有可能；一個事件發生與否，只是機率波函數的問題。數學上，我們依然無法預測新質數會在哪裡出現，或者圓周率的下一位數會是什麼。

至於多采多姿的曼德博集合，每一次迭代都能展現出無從想像的幻影流變。曼德博稱這些碎形圖案爲「生命中的無控制元素」。無處不是不定性、隨機性與驚喜，全都內建於這個宇宙的基本結構之中。這些就是心靈或許能夠影響物質的「空隙」。

量子理論令人不安的面向之一，就是粒子處於具有多種可能性的曖昧模糊狀態——直到被觀測爲止。粒子被觀測的瞬間，各種可能性「坍縮」爲非此卽彼的單一狀態。薛丁格的貓在我們探進箱中查看之前是既活且死——或以四句法來說：既不活也不死。

既然這個宇宙裡的每個粒子與貓都與其他粒子產生量子聯結，這就代表它們某種程度上全都受觀測者的眼界影響。這使得某些理論物理學家猜想，我們的物質宇宙只因爲我們具備意識能觀測它而存在；也就是說，我們都是「心畫師」。

是大神咒

***Ze dai jinshu* – Is a mantra of great mystery**

梵文有兩個表示咒語的字：*mantra*（曼怛羅）與 *dharani*（陀羅尼）。曼怛羅強調聲響，而陀羅尼帶有語意，但兩個術語大多交替互換使用。

梵咒背後的理念是這個宇宙充盈著純粹的聲響；曼怛羅與陀羅尼都反映出某些宇宙道理，諸如呼與吸的運動。印度哲學家則將聲響等同爲與濕婆連理爲奧祕合一的宇宙大能女神夏克提。

最基本的梵咒是「唵」（Om），往往出現在較長咒語的開端，像是某些印度文與藏文版本的《心經》，結尾梵咒是以「唵」開頭，如此令梵咒層層相套。

Hamsa sa Ham（我是那神聖桓娑鳥）是以梵文寫成的最簡單梵咒之一。若將它分解成四個音節：*Ham-sa-sa-Ham*，再將其倒序排列，又會得出 *Hamsa sa Ham*，如此便形

成一句迴文。其他還有爲數極多的曼怛羅與陀羅尼存在，有些遠比一百音節的《百字明》來得更長。事實上，幾乎每部大乘佛經都能看到梵咒現蹤，據說共有七千萬首。

以下這段梵咒出自與《心經》關係匪淺的《楞伽經》，顯現出長篇梵咒的某種緩急頓挫風采：

怛姪他，覩吒覩吒，杜吒杜吒，鉢吒鉢吒，葛吒葛吒，
阿麼隸阿麼隸，毘麼隸毘麼隸，
儞謎儞謎，呬謎呬謎，縛謎縛謎，
葛隸葛隸，揭囉葛隸，
阿吒末吒，折吒咄吒，者若吒薩普吒，
葛地剌地，鉢地，
呬謎呬謎，第謎，
折隸折隸，鉢利鉢利，
畔第毘第，案制滿制，
黈茶𠼪，杜茶𠼪，鉢茶𠼪，

揭計揭計，末計末計，斫結斫結隸，

地謎地謎，四謎四謎，

黓黓黓黓，楮楮楮楮，杜杜杜，杜虎杜虎杜虎杜虎，莎婆訶

雖然看似晦澀難解，但普遍認爲這樣的梵咒蘊含著無量智慧。

空海就這麼總結曼怛羅與陀羅尼的奧祕：「於一聲中攝藏無量功德。故名無盡藏。」

是大明咒

Ze dai myoshu – It is the mantra of great light

根據棚橋一晃在他論《心經》的著作中所寫，「明」是梵文 *vidya* 的中文翻譯，表示知識、哲學與科學。

將表示「知識」的詞以「明」字表現，又是早期譯經者的神來一筆，將焦點擺回了「光」上頭。「明」以佛陀的圖像作爲象徵，是佛陀在洞窟中靜坐的身體散發的光線，又或者是他雙眉之間一根發散輝光、照亮一萬八千國度的白毫。十六世紀中國僧侶憨山德清在《心經直說》中對這句經文寫下：「一念熏修，則生死情關忽然隳裂。正如千年暗室，一燈能破。」

對吉爾奇來說，「光」不只是智慧的隱喻，更是能夠改變世界的實際能量來源。寄宿於梵咒當中的這種能量，也是靈性密契主義者與某些藏人企圖藉由冥想啟動的能量。

艾：不知道世上有多少人會真的積極做這種事？我猜有些喇嘛會。

吉：沒有其他心願需要了卻的話，再創造的力量幾乎勢不可擋。人到了這個境界，能夠發揮的潛力強大到令人屏息。你想改變什麼？朋友的生命？大本教的命運？紐約市？

艾：我不確定自己準備好對付紐約市了。

是無上咒

***Ze mujoshu* – It is the mantra of which none is higher**

一個人若是在深度集中的冥想中，觀察到周遭出現非比尋常的事物，又會發生什麼事？在我們將心像「視覺化」之後，這個宇宙會接著回應我們的「心畫師」嗎？某些藏人認爲會，而密契冥想至少在他們心目中是一項嚴肅事業，「心勝於物」。實際上，多數藏傳修行都是內在的，目標是喚醒菩提心。但也有一群藏傳修行者專注於將神祇與靈性力量進行強烈視覺化，以達成這個目標。

這在靈修上帶來了巨大分歧：消極冥想與積極冥想。「消極」是說尋求與這個宇宙合而爲一；「積極」是說運用心靈改變世界。蓮花戒在七九四年的拉薩法諍上辯倒了禪宗極簡主義者摩訶衍之後，就讓圖博永遠走在漸修的道路上，而非禪宗式的頓悟。對喇嘛來說，漸修代表數年、甚至數十年的鑽研與密契修行；數世紀以來，他們已經發明出一套豐富的心靈技巧。其中一個分支則拓展爲玄學——心勝於物。

說起這個課題，我從另一位頻繁出入大衛・基德家中的圖博喇嘛噶桑仁波切那裡學到很多。他在從日本遷居美國之前，曾帶我入門藏文。我還記得他告訴我：「那些禪宗花上好幾小時面壁、清空思緒，多蠢啊！看看我們這些用自己心靈能量創造可見心像的人，我們才眞的是有在做事的。」

是無等等咒

***Ze mutodoshu* – It is the mantra ranked beyond all ranks**

不是人人都迷戀梵咒。回到四／五世紀，被視爲唯識學派宗師之一及禪宗世祖的偉大印度學者世親，就主張梵咒是毫無意義的胡言亂語。梵咒此一概念侵害了本應擺脫迷信的佛教邏輯精神：甲導致乙，乙導致丙，有六種甲的列表，也有十種乙的列表。如此而已，才不需要什麼魔法咒語。

就連後來幾世紀帶有神祕主義傾向的注疏者，像是日本的空海與印度的金剛手，都爲這段梵咒煩心，就因爲它頗爲格格不入。經文理當是要解析觀念，然而梵咒卻是魔法咒語。《心經》裡的梵咒是否帶有什麼意義？若有意義，就是能讓人理解的「開顯」教義；還是說，那是一種只有少數入門者能夠把握的玄學奧祕，如此一來，就是一種「隱密」暗語。

空海嘗試解釋顯與密如何得以並存，他寫下：「顯密在人，聲字即非。然猶顯中之祕，祕中極祕，淺深重重耳。」（是顯是密，取決於讀者，與讀音文字都無關。顯中有祕密，祕密中則有更深祕密，深奧與淺顯層層相套。）並補充：「醫王之目觸途皆藥，解寶之人礦石見寶。」

到了二十世紀，這種天靈靈地靈靈的梵咒已經不爲人廣泛接受，尤其是在西方。二十世紀早期將禪宗引入美國的傳奇人物鈴木大拙，就爲梵咒的存在深感不快，甚至覺得梵咒一無可取之處。他認爲，《楞伽經》中的陀羅尼「覩吒覩吒，杜吒杜吒」尤其荒唐，並稱之爲一種「宗教符號學的畸形」。至於《心經》裡的梵咒，鈴木則將其貶爲「明顯的污點或墮落」。並補充說這段梵咒「文字本身毫無意義，與《般若經》的必要關聯也莫名其妙。」他懊惱地問：「這種唐突的轉折有什麼意義？乾脆說，為什麼要有這段廢話？」

愛恨兩極，這段梵咒點燃了情緒火爆的激辯。在鈴木大拙的年代，爲了將禪宗引進理性的西方，剔除迷信元素茲事體大。就連當年火速現代化的日本也不再想要一星半點這樣的邪魔歪道。

現代注疏者在處理這段梵咒時大多小心翼翼，宛如操作放射性物質時身穿白色防護裝、手戴鉛手套的那群人。出於熱忱，他們想將重點從神言大能轉移到哲學意涵上，於是對這段梵咒做了一件玄奘說絕對不可以做的事：翻譯。

白隱以他一貫不著邊際的靈光一閃，直接略過梵咒的文字，只說：「可貴自性大神咒。」（用你的自己的天性珍惜這段偉大神咒）。

能除一切苦

No jo issai ku – With it one escapes all suffering

經文說，你若是誦讀這段梵咒，終將脫離一切苦難。但我們事實上卻應該要感受他人的苦難。這就是「慈悲」，既是智慧的結果，又與智慧相伴而來。如達賴喇嘛所言：「憐惜其他有情存在勝過自身之心，便是菩薩修行的基礎。」

這也就是為何在《十牛圖》的最後，智者會重新走入市集；他還有工作要做。我們已經走完一輪，回到經文的開端的「行」（修行），並且開始明白為何首位注疏家窺基的書中有三分之一篇幅都貢獻給了修行。一旦你開始感覺到慈悲，你最終會走上與這部經文所許諾恰恰相反的方向——不但遠非逃離一切苦難，還必須承擔更多。

悖論（研究《心經》就是避不開悖論）依然在於：身而為人，天生必須對他人善良，但從永恆的尺度看來，這幾乎毫無意義。龍樹曾寫道：「菩薩意在拯救一切有情蒼生，但菩薩眼中不見有情蒼生。」

賈斯珀・格里芬是我學生時代在牛津大學貝里歐學院（Balliol College）執教的古典文學教授，他以往常用一種老派牛津講師的鋒利睿智說：「慈悲者凡人，共情者天使，無情者聖神。」

「無情」（apathy）或許聽來頗是冷漠，卻是給菩薩的金玉良言。有時表現憂傷、給予理解，就是我們能爲他人所做的最佳舉動。但僅憑憂傷什麼也做不了。菩薩知道祂們能用的方法有限，而生命與其哀戚無論如何大抵都會持續下去。所以祂們不受悲劇與失敗擾亂心神，只花最少的憂慮完成工作，但唇上永遠不失一抹淡泊的佛笑。眞正的慈悲必須保持距離，是抽離、甚至幽默的，就像大衛・基德或吉爾奇以前那樣。普魯斯特筆下的敍事者就觀察到了：

不管在我生命的哪一時期——就說在修道院裡好了——遇見務實慈善的真正聖人化身，他們大多有著一種忙碌外科醫生般的神態：充滿活力、務實、不拘小節，沒有情緒起伏；眼見人間苦難時，那種臉孔上是看不出一絲悲憫與半點溫柔的，並且無畏於傷害人性。那是一張真正的善才會擁有的無動於衷、冷酷無情、超凡崇高的臉。

眞實不虛

Shinjitsu fu ko – It is truth and reality, without falsehood

《心經》斬除一切的方式是如此毫不留情，刀速俐落迅速，讓你幾乎感覺不到。領悟《心經》時的靈光一閃可能有如晴天霹靂，儘管在領悟到自己已遭斬除之前，可能要花上數年時間。憨山德清總結道：「般若如宵練，遇物即斷，物斷而不自知。非神聖者不能用，況小丈夫哉。」（般若就像一把斬斷一切所及之物的劍，鋒利到物遭斬而不知。除了聖賢，還有誰用得了？肯定不是無知者！）

黛安．巴拉克勞曾經評論大衛．基德那不饒人的機智：「事情就是說，跟大衛相處，馬上就會感到難以忍受的痛苦。有時候他隨隨便便打來一棒，就只是因爲他忍不住想放一句聰明的評語，那種時候眞的很痛苦。但有時候，他的話語又令人解脫。它們釋放你，爲你斬斷你應該擺脫的東西。」如果吉爾奇象徵文殊的智慧，那麼大衛就是文殊的快劍。

在我祖谷溪的老屋裡，鐵壺吊在竹件「自在鉤」上頭，而在地爐升起燃煙好幾世紀之後，所有物件——牆壁、柱子、甚至地板，全都燻成一片漆黑。冬夜屋外的陡峭山坡看來又更顯漆黑。在那黑地、黑牆的室內，若逢賓客來訪，我們會熬夜圍著地爐說著怪談。其中一則怪談講到了鎌鼬。至今，我發現自己夜裡若在某條祖谷山徑上獨行時，都還會想起鎌鼬。

這故事是說，有個男性旅人夜裡在一間鄉下旅店投宿。大家說，他能躲過鎌鼬實在相當幸運。他說，「這個嘛，外頭或許有些什麼，但我才不擔心。我沿著黑暗無光的小徑走了一段以後，看到一陣閃光，聽到一聲大概是尖叫的聲音。但也不過如此而已。」

他坐在火旁，接著，眾人發現一條細細的紅線從他的右肩畫向左臂，男子身體便由此線滑開，分成兩半，一聲不響。

第十部

說咒

粉飾

故說般若波羅蜜多咒。
即說咒曰：
羯諦羯諦，
波羅羯諦，
波羅僧羯諦。
菩提薩婆訶。

般若心經

我們誦唱經文的這最後一部分，往往被注疏者描述成清淨智慧得手。但在這裡，我們其實要將智慧拋諸腦後。

十七世紀初，憨山德清認爲這段梵咒是一聲行動號召：「然既曰般若，而又名咒者，何也？極言神效之速耳，如軍中之密令。能默然奉行者。無不決勝。」（既然都叫做智慧了，爲什麼還要叫它梵咒？這是要彰顯其神效快速。就像軍隊中央發布的密令，若低調執行，則永勝不敗。）

我在本書中將梵咒當成神祕力量的發動機——這是幾千年來的標準作法，到了今日卻顯得激進。但我不禁一直揣想，這道梵咒對於把「那種東西」悉數保留給《哈利波特》的世界、而非現實生活的理性現代人來說，究竟還有哪些可能用途。

事實上，時至今日還在誦念此經的人當中，若非絕大多數，也算爲數不少，對待梵咒的方式不那麼像是對待魔法咒語，而是一種「日常例行確認」。古梵文有種叫做「偈頌」（gatha）的概念，是指一段誦唱後能讓人進入正念狀態的韻文。近年來，一行禪師讓偈頌再度普及，他爲摘花、洗碗、甚至如廁都創作了詩歌；你在呼吸調息準備觀想時，也能朗誦一首偈頌。

你能將《心經》梵咒當成偈頌來詠唱，作爲一種讓你的心揚升，超脫日常的個人儀式；或者，就像多摩格西誦念《百字明》那樣：因爲有效，所以說咒。

故說

Ko setsu – Therefore we chant

經文寫著：「故說」（所以我們念咒），但你不必眞的念出聲音來。「說」或許詮釋成「表達」或「散播」更能達意，因爲你也可以用寫的。

書法一直都是我「說」這部經文的方式，通常會有一群老友相陪，一起談天說笑，許多杯紅酒下肚，一邊寫下一紙又一紙、一字又一字。回過神來，我就發現自己寫下了「心」、「般若」、「咒」等出自《心經》的字詞；當然，尤其會寫下「色卽是空」。

禪僧浦田四處揮舞紙扇使我初遇《心經》那時，引人入勝的並非我毫無概念的誦唱意涵，而是那把紙扇以金墨寫在深藍底紙上的字跡。後來，我才發現那樣的藍紙金字有著悠久歷史，可回溯到日本平安時代（794-1185）的貴族。十世紀時，他們會將《心經》謄抄在奢侈的藍染紙張上。因此，浦田的紙扇是藍的，尤瑟娜的紙扇也是藍的，我的《心經》領帶還是藍的。

此後，我就致力於抄寫、而非誦念《心經》。這絕非罕見之舉——我依循的是「寫經」傳統。寫經與尋常書法的不同就在於，寫下的每一字不只是一個字，而是一位佛。在古老的《心經》寫經抄本中，有時可看到每個字都端坐於一朵小小的蓮花座上，如同佛陀。甚至還有一種稱爲「一字三拜」的習慣，在寫下每一個字之前都要叩首合掌膜拜三回。這是由於如空海所言：「一字中含無邊義。一點內呑塵數理。」

你可以像平安時代的公主們那樣，在藍底長卷上整齊的直行間以金墨精筆細字地抄錄經文，或者也能用大筆一支——這是我偏愛的方式——在數張大紙上一字字地龍飛鳳舞。空海另一個聞名的身分是書道家，他引筆墨爲喻，傳達出他看《心經》的至高眼界：

山毫點溟墨，
乾坤經籍箱。

（以須彌山爲筆，以溟海爲墨，將天地都畫進存放《心經》的箱子裡。）

一般來說，寫經是嚴肅之舉，正有如日本寺廟中人們端坐矮几前，聚精會神地寫字那樣。事實上，根據傳承，「專注」是能在寫經過程中習得的一種美德。但我寫字時並沒有遵照特定儀式，就只是喝一大堆紅酒，與友人天南地北，直至晨曦漸露。

般若波羅蜜多咒

Hannya Haramita shu – The mantra of Hannya Haramita

你能將咒詠唱出來，寫成書法，或者也能將經文吹進空中。有種橫跨全亞洲的信仰，相信只要旋轉一根藏有佛經的滾輪，就能讓經文的守護神力迴旋飛出，鋪天蓋地。某些日本及中國廟宇建有專門的「轉經堂」，在大堂中央立著一根六邊型的經書庫，有時能大至一棟小屋的尺度。經書庫圍繞著一根柱子，柱子兩端插進天花板與地板的洞中。若推動六角經書庫的其中一角，經書庫就會繞著柱子轉動，從中會有功德湧出，流向你及他人。

在圖博，廟宇外圍繞著成排的轉經輪，虔誠信徒會沿著這一排排的轉經輪邊走邊轉。還有一種可讓朝聖者能夠單手攜拿的小型轉經輪，輪上繫著一條末端帶有小墜飾的懸索，便於邊走邊轉。也可以將印有經文的旗幟串成一條掛在山裡，讓風將經文中的智慧吹送進荒野。谷地間與山路上，串串經幡隨風飄蕩，這便是圖博與不丹的尋常風景。

在日本某些特殊祭典上，能看到僧侶朗讀大疊的經文，這些經文外型通常有如狹長的手冊，裝訂成手風琴的樣子。僧侶讀完幾字之後，便在兩手間快速翻動經摺，手風琴狀的書頁會在空中飛舞成一道拱門，書頁快速流動，直到經書再次闔上。僧侶這麼做，就能「說完」整本佛經，現在他要開始「說」下一本了。這稱爲「轉讀」（日文讀作tendoku），是種不必花上一整天就能讀過大量經文的方法。

某些宗派每年都會舉辦「般若轉讀」，讀的是完整的長版《上本般若波羅蜜多經》，也就是《心經》摘要出處的原典。那可有十萬個字。他們並非逐本經書朗讀，而是在快速翻著經摺時詠唱一篇空的禱文。如下：

內空外空，內外空，空空，大空；
勝義空，有為空，無為空，畢竟空；
無際空，散空，無變異空，本性空；
自相空，共相空，一切法空，不可得空；
無性空，自性空，無性自性空。

若有人對《般若波羅蜜多經》的主旨心存任何疑問，這篇禱文肯定能讓他一淸二楚。僧侶詠唱禱文時，經書在他們手裡折起、攤開，如波浪起伏，製造出一種吹得到的微風，他們稱之爲「般若波羅蜜多風」。

但話說回來，《心經》的詩句與梵咒究竟是哪裡如此神聖？換成其他聲響，或許也能產生不相上下的效果。關於本經多次重複「咒」字，白隱這麼評論：「第二重亦在。漁唱薪歌著何處、鶯吟燕語作麼生？」（經文談咒談個沒完。漁夫的詠唱呢？樵夫的歌曲呢？這些都是從哪兒來的？鶯燕鳴囀又是怎麼發生的？）

卽說咒曰

Soku setsu shu watsu – Now we chant, saying

說咒的目的，在於喚醒梵咒裡的神奇力量。像這樣的神力稱爲「成就、悉地／*siddhi*」，然而其不可靠的程度卻是惡名昭彰。雖然神奇力量可能改變世界，但通常只能用於根本只是雞毛蒜皮的小事，像是讓洗好的衣物保持乾燥。而「心畫師」的力量也容易誘人誤用。

艾：我認為，讓他人頭上籠罩黑暗或許比光明更簡單。

吉：而且還會滿好玩的。黑需要的力量比白還少，也因此黑魔法師、邪惡巫婆、乃至於心懷不滿的普通人，都可以這樣動用這種力量。所以永遠別跟賢者唱反調，他可能會詛咒你；當然他不應該，但他可能會。

艾：住嘴，吉爾奇！

吉：這個嗎，他可能會，就這樣啦。

吉爾奇與我的玄學調查到了某個階段，我們拼湊出一本小小的「魔導書」（grimoire）——魔法師的筆記本，內容是關於如何藉由思想的力量改變世界，我稱它是「魔法的五十道法則」。

佛陀曾告誡世人別囿於「成就」，那很少會爲我們帶來任何好處。圖博傳說中有一位智者，手指一比就能令太陽停止移動，但他卻是連自己的酒錢都付不出來。探索玄學法則並且編纂成冊實在是一大樂事，但吉爾奇和我隨卽想到，這些技法落入錯誤的人手裡可能帶來的危險，於是我們便將「五十道法則」束之高閣。這本書至今還藏在我的書庫中，我不時還會埋頭研究一番就是。

這些魔法與心勝於物的討論，不論是好是壞是閒扯，肯定都會觸碰到諸多現代讀者的逆鱗。大衛．基德肯定就有此觀感；另一方面，他卻也收集圖博美術品，還資助圖博喇嘛。他會來大本教，也是因爲他的針灸師說服了他，說那裡是神聖療癒能量的泉源；同時他又認爲吉爾奇對靈性的研究是這位老友身上一種怪力亂神的小毛病。大衛曾經在聽了吉爾奇闡述某些玄學概念之後微笑評道：「你得了一種輕信超越性的病。」

就連吉爾奇自己也會心生疑慮。他曾說：「當你心想『見鬼了，我真的是在蓋一棟空中樓閣』，那日子就不會好過了。」

羯諦羯諦

Gyatei, gyatei – 'Passing, passed'

現在我們來說咒。

「羯諦羯諦」是梵文 *gate, gate* 的漢文翻譯。常見翻譯是「起行，已行」（going, gone）[1]；而詮釋成「起渡，已渡」（passing, passed）則是說，我們在《心經》這片瓶中汪洋的旅途即將來到尾聲，終於要抵達彼岸了。

明察秋毫的法藏指出此處有兩次「羯諦」，而非僅僅一次，乃是出於慈悲、出於渡人如渡己之願。法藏說，第一次「羯諦」是爲了我們自己，第二次則是爲了救助他人。

梵咒懷疑論者對這種解釋並非全盤買單。二十世紀重要的禪師之一聖嚴寫過一本《心經》論著，他在書中說：「最後一句經文（「羯諦羯諦」以降）儘管有曼怛羅的形式，卻不是眞的曼怛羅……雖然曼怛羅能有極爲豐富多樣的意涵，但通常沒有特定意義，也通常不可翻譯。」

聖嚴似乎不太喜歡我們知道梵文「*gate, gate*」的意思是「走吧，走了」這件事。他更偏愛高深莫測的讀音；另一方面，或許高估了梵咒的易懂程度。

某夜在大衛．基德家中，他拿出一大幅圖博繪畫，畫面大部分是漆黑一片，在這片漆黑當中漂浮著以金色勾邊的物件：手斧、珠鬘、冠冕等等。碰巧也在現場的嘎桑仁波切告訴我們，觀者應該要爲遺失的圖像塡進顏色。你觀想的時間要是夠久，就會看到憤怒的神祇配戴頭冠與項鍊、揮舞著黃金匕首與閃電，就像祂們在畫面一片漆黑當中那樣跳舞結印。

就「羯諦羯諦」而言，諸如「走過」與「渡過」這類的翻譯，正是一位藏身於黑暗中的魅影持有的漂浮飾品。不過，想猜出是誰躲在《心經》梵咒的黑暗畫面中並不難。這字裡行間有著奧修所謂「空無一物的甜美」芬芳吐露，一股洩漏祕密的香氣使得祂的

1 英文意譯其實多爲「gone, gone」。梵文 *gate* 爲 *gati*（陰性名詞：走；動作；路徑）呼格，故中文意譯常作「走吧，走吧」。

超凡存在呼之欲出。

以 *-e* 結尾的梵文詞彙是陰性的，也就是說「羯諦／*gate*」指涉著一位女性。《楞伽經》那段長篇梵咒，那段令鈴木大拙鄙棄不已的「覩吒覩吒，杜吒杜吒，鉢吒鉢吒，葛吒葛吒／*Tutte tutte vutte vutte patte patte katte katte*」也同理適用；那也是在講一位女性、亦即一位女神。所以「羯諦羯諦」的眞正翻譯是「她起行，她已行」。

《心經》裡的那個「她」，想當然，正是般若波羅蜜多女神。如果我們已是入門者，就能看見祂的尊顏玉體從文字背後嫣然浮現。祂是智慧，祂是諸佛之母，這一路上一直與我們同在；而今祂再次現身，迎接我們抵達彼岸。

波羅羯諦
***Hara gyatei* – 'Passed to the other shore'**

「波羅羯諦」的「波羅」跟「波羅蜜多」的「波羅」是一樣的，意爲「彼岸」。所以這一行經文的意思是：「已渡彼岸」。

這段梵咒總共只有四行：

羯諦羯諦，
波羅羯諦，
波羅僧羯諦，
菩提薩婆訶。

眾家注疏者都說，若要參透般若波羅蜜多的深意，不同的人所需的細節多寡程度也不同。這正是我們需要十萬行版、兩萬五千行版與八千行版《般若經》的原因。《心經》不滿六十行，看似是細節最少的；但實際上還有一個更爲短小的版本，那就是我們正在詠唱的這段結尾梵咒，單單這四行就包羅了前面每一行的神力與洞見。法藏與窺基都強調，誦讀這段梵咒，就是集經文本身大成。

但就連這段梵咒都能再縮短。存於圖博與日本眞言宗的某個《心經》版本，僅含有一個音節「阿／Ah」。另一個稱爲《一字般若波羅蜜多經》的版本，則將文本壓縮成一聲「唵／Om」。「阿」與「唵」，阿爾法（alpha）與歐米伽（omega），正是萬物的開始與終結[2]。

如果你尋求的是更甚於此的奧妙精髓，就必須踏上一趟漫長的西遊取經之旅，前去佛祖的居所。在藏經閣的深處，阿儺與迦葉還在看守那些當初沒有交給悟空、八戒與三藏帶回傳世的經文。那些才是眞經正典，裡頭一個字都沒有。

2 化用自《啟示錄》22章13節。

波羅僧羯諦

Hara so gyatei – **'We have all passed'**

此刻正是抵達彼岸的瞬間。

抗拒神祕力量概念的鈴木大拙，對這段梵咒深感困惑。千思萬想之後，他得出了結論：這段梵咒體現的是開悟的刹那——那是一道喜悅的歡呼。他寫道：「知性與感性上極度疲憊的觀音要跳出最後一躍。將祂與相對性的世界還有「己力」維繫在一起的最後聯結徹底斷開。祂發現自己已身在彼岸，情感洪流勢不可擋，只能不停叫喊『羯諦！』這聲『羯諦』後來成了祂的梵咒，也成了般若波羅蜜多的梵咒。」

就個人角度而言，我在「我們全都渡過了」這一句裡，感受到的喜悅比較少，而悲傷——日本風格的物哀居多。「彼岸」就是死亡、涅槃、無物。那是我跟所有人一同航向的黑暗濱岸。

這道氛圍令人想起一幅名爲《死之島 *Isle of the Dead*》的十九世紀畫作，出自阿諾．柏克林[3]之手。這幅畫啟發過拉赫曼尼諾夫[4]、史特林堡[5]與達利[6]。畫面中一個白袍人影站在小舟上，覆上兜帽，背對觀者，同時一名槳伕將他帶往一座小島。島上矗立著高聳岩石絕壁與陰暗絲柏樹叢，散發出不祥與終末感。你知道小船一旦靠上島岸，一切就都結束了。鈴木將經文中的彼岸想成是一個能讓我們樂到跳腳的地方；而在我較爲沉鬱的人生時刻裡，內心想到的是那座令人頹靡的《死之島》。

但後來我回顧千年來對《心經》有過深思的人說過些什麼。對他們而言，彼岸既不白、亦不黑、也不灰；那裡既不歡喜，也不傷悲。那裡是非物質的、不可見的、絕對超脫萬物的；那裡是佛塔頂尖塔上的空氣，是從須彌山頂向外鋪展的純粹靈性傘蓋。

佛母般若波羅蜜多就在那清澈的虛空中，等待將你我擁回祂的懷抱。

---

3 阿諾．柏克林（Arnold Böcklin,1827-1901），瑞士象徵主義畫家。

4 拉赫曼尼諾夫（Sergei Rachmaninoff, 1873-1943）一九〇七年在巴黎見到《死之島》的黑白版本後，創作出了與畫作同名的交響詩，一九〇九年在莫斯科首演。

5 瑞典劇作家史特林堡（August Strindberg, 1849-1912）受此畫啟發而創作的劇作，爲一九〇七年的《鬼魂奏鳴曲 *Spöksonaten*》

6 達利（Salvador Dalí, 1904-1989）也曾以此畫爲靈感，創作多幅作品，《死之島的西側 *Cour ouest de l'île des morts*》即是一例。

菩提薩婆訶

Bodai sowaka – 'To purest enlightenment'

中文與日文版以這段短語作結。菩提（日文讀作bodai），梵文作*bodhi*，意思是「開悟」（「覺」），而薩婆訶（日文讀作sowaka）是梵文*svaha*，代表「最純粹的」，也能表示「向……禮讚」，或如棚橋一晃的詮釋，「賜福於」。

那些都是廣爲採納的薩婆訶意涵，然而法藏對這個詞自有獨到見解。據他所說：「言薩婆訶者。此云速疾也。謂欲令前所作速疾成就故云爾。」（薩婆訶意爲「速疾」，那是因爲我們希望及早抵達彼岸。）法藏是從哪裡生出「速疾」這個定義，我們不得而知。不過法藏不僅是個佛教哲人，還是一位以玄妙神通令武后爲之傾倒的魔法師。身爲玄學大師，他貌似藏有一手當今的我們並未擁有的私房知識，肯定也有一些識破事物出人意料祕密的訣竅。

「速疾」讓我們再次體會到《心經》的簡短至極。轉瞬之間，一切落定。在還沒來得及意會之前，我們就已越過了終點線。沒有時間可蹉跎了。再轉眼你就要錯過什麼了。我們在無暇喘息的奔馳中開始《心經》，抵達終點時，我們仍在衝刺。

一如你我須臾此生。

般若心經

Hannya Shingyo – Heart of Wisdom Heart Sutra

日文版與中文版以「薩婆訶」作結，藏文版卻不慌不忙，接續了一段歡慶尾聲。場景回到靈鷲山頂，觀音菩薩一直代表佛祖對舍利子講話。此時，佛祖從深妙觀想中返起，讚美觀自在菩薩的表現良好。經文就以這段歡樂的詩句結尾：

薄伽梵[7]作是語已，壽命具足舍利子，觀自在菩薩摩訶薩，暨諸眷屬，天人阿修羅乾達婆等，一切世間，皆大歡喜，宣贊佛旨。

7 世尊，即佛陀。

十五世紀圖博僧侶蔣央噶威洛追捕捉到了此處的歡慶之情，寫下：「誦畢此咒，又呼諦力願文併拍掌者，得莫大加持。」

致謝

由於此書經歷數年才得以成形，我的朋友們奉獻了無數個小時，在廚房或在電話另一端聽我讀出剛寫好的片段，而其他朋友則接下核對手稿的重責大任；儘管他們多數人從沒聽過《心經》，對《心經》也沒什麼特別興趣。

其中十分熟稔《心經》的一位老友是漢傳佛教學者易輝（Shea Ingram），他挽救我免於釀成某些慘痛的錯誤。其他的聽眾、讀者，以及一路相助的人們有：Sky Alderson、Diane Barraclough、Paul Cato、Ingrid Dankmeyer、Gary DeCoker、Elia de Matteis、John Holden、Thomas Kerr、Ronnarong Khampha（“Ong”）、Jonathan Krauth、Felix Krienke、Sam and Jacob Mortimer、Alexandra Munroe、Atsuyuki Ohshima、Timo Ojanen、Tanachanan Phetchsombat（“Saa”）、Abbas Rasul、Vitsanu

（“Soe”）Riewseng、Gwen Robinson、Peter Shrieve-Don、Kathy Arlyn Sokol、Charles Tharp、Tim Toohey，以及 Geoffrey Yu。

對以上所有人，還有以其著作爲本書奠定基礎的衆多古今大師，我獻上深摯謝意。

波羅蜜多

夏克提（Shakti）：在印度教中，女神夏克提是宇宙初始的創造力量，代表推動整個宇宙的力量。

多摩格西仁波切（Domo Geshe Rinpoche Ngawang Jigme, 1937-2001）：出身錫金的圖博僧侶。

尼赫魯（Jawaharlal Nehru, 1889-1964）：印度獨立後首任總理，也是印度在位時間最長的總理。

貢堂（Gungthang Rinpoche Könchog Tenpe Drönme, 1762–1823）：十八／十九世紀的圖博僧侶。

夏呂斯男爵（Baron de Charlus）：法國小說《追憶逝水年華》書中人物，性格浮誇且富戲劇性。

淳仁天皇（733-765）：日本第四十七代天皇。

憨山德清（1546-1623）：中國明代僧人，傳承臨濟宗，是明代禪宗復興的重要人物。

噶桑仁波切（Rahob Rinpoche Thupten Kalsang, 1940-）：圖博僧人，一九七九年遷居美國。

世親（Vasubandhu）：印度僧侶，活躍於四／五世紀，唯識學派宗師之一。

鈴木大拙（1870-1966）：日本佛學學者，一九六三年曾獲諾貝爾和平獎提名，是二十世紀將禪宗引介至西方世界的重要人物。

賈斯珀・格里芬（Jasper Griffin, 1937-2019）：英國古典主義者和學者，曾在牛津大學擔任公共演說家兼古典文學教授。

本華．曼德博（Benoît Mandelbrot, 1924-2010）：生於波蘭，法美雙籍數學家，創立了分形幾何，及「fractal ／碎形」一詞，並且描述了曼德博集合。
瑪莉娜．阿斯特羅洛戈（Marina Astrologo）：《哈利波特》及戈爾．維達爾（Gore Vidal）著作的義大利文版翻譯者。

第六部　無聖道且無功德

菩提達摩（Bodhidharma）：簡稱達摩，經海路將大乘佛教禪宗帶入中國，爲中國禪宗開創者。
立花大龜（1899-2005）：日本禪僧，京都大德寺禪院住持。

第七部　心無罣礙

法眼（885-958）：五代十國禪僧，又稱法眼文益或清涼文益，所創宗派爲法眼宗。
道元（1200-1253）：希玄道元，日本僧人，南宋時期赴中學習佛法，爲日本曹洞宗祖師。
亞歷珊卓．門羅（Alexandra Munroe, 1956-）：大衛．基德的友人，美籍亞洲藝術史學家，紐約古根漢美術館亞洲藝術資深策展人。

第八部　達成無上圓滿開悟

拉薩法諍（Council of Lhasa）：西元七六二年，藏王赤松德贊因當時境內禪僧摩訶衍傳入「頓悟」成佛的學說引爭論，因而敦請印度僧侶蓮花戒（Kamalashila, 740-795）前來拉薩，與摩訶衍在桑耶召寺進行辯經，此即「拉薩法諍」。辯論結果是蓮花戒大師的「漸修」說獲勝，自此赤松德贊便禁止摩訶衍一門繼續在藏地傳教。
梭羅（Henry David Thoreau, 1817-1862）：美國作家、詩人、哲學家，《湖濱散記》作者。
法然（1133-1212）：日本安平時代末期、鎌倉時代初期僧侶，淨土宗之開祖。
親鸞（1173-1263）：法然的弟子，在鎌倉時代初期創立淨土眞宗。

第九部　大神咒

出口直日夫人（1902-1990）：大本教第三代領導者。

出口王仁三郎（1871-1948）：大本教創立者。

卡爾・賓賀素（Karl Brunnhölzl）：德籍佛教經典翻譯者，教師，著有《*The Heart Attack Sutra*》等書。

維摩詰（Vimalakirti）：《維摩詰經》的主要人物，大乘佛經中的修行者。他並未出出家，而是以居士形象積極行善修道，並以聰敏機智聞名。

第四部　無眼耳鼻舌身意

戈爾・維達爾（Gore Vidal, 1925-2012）：美國小說家，劇作家。

文森・普萊斯（Vincent Price, 1911-1993）：美國演員，以其在恐怖片及黑色電影中演出的聲音聞名。

加雅拉瓦（Jayarava Attwood）：眞名爲 Michael Attwood，紐西蘭出生的佛學者及部落格格主，現居英國劍橋。

艾倫・華勒斯（Alan Wallace, 1950-）：美籍作家，專精藏傳佛教。

蒙波（Federico Mompou, 1893-1987）：西班牙加泰隆尼亞作曲家，作品樂風恬淡簡約。

圓測（Woncheuk, 613–696）：玄奘的高麗弟子，唐朝法相宗高僧。

第五部　無老亦無死

楊・威斯特霍夫（Jan Westerhoff）：德國哲學家和東方主義者，現爲牛津大學神學與宗教學院的佛教哲學教授。

埃爾溫・薛丁格（Erwin Schrödinger, 1887-1961）：奧地利／愛爾蘭籍理論物理學家，量子力學理論的先驅者。

無門慧開（1183-1260）：中國宋代禪師，收錄了四十八則公案的禪宗經典《無門關》之作者。

尾關宗園（1932-）：日本禪僧，京都大德寺大仙院住持。

珍・羅伯茲（Jane Roberts, 1929-1984）：美國作家及靈媒，聲稱一個名爲賽斯（Seth）的靈體透過她向世界傳達訊息。

黛安・巴拉克勞（Diane Barraclough, 1966-）：英籍教育顧問，在神戶長大，後在龜岡生活，現居紐約。大衛・基德與威廉・吉爾奇的友人。

晉十六國時期。

威廉．吉爾奇（William Gilkey, 1920-2000）：美國鋼琴家、術士，生於奧克拉荷馬州奇克謝市（Chikasha），曾住過印度、中國，晚年定居日本的龜岡市。

第二部　色與空同

索南仁謙格西（Geshe Sonam Rinchen, 1933-2013）：圖博僧人及作家。

愛德華．羅倫茲（Edward Lorenz, 1917-2008）：美籍數學家，氣象學家，混沌理論的先驅者，創造出「蝴蝶效應」一詞。

赫拉克利特（Heraclitus, 535-475 BC）：希臘哲學家，出身貴族家庭，由於他的文章愛用隱喻和悖論，致使後世解釋紛紜，因而被稱做「晦澀者」。

大伴家持（718-785）：日本奈良時代政治家及歌人，曾參與編撰《萬葉集》。

吉田兼好（1283-1350）：日本僧人及作家，著有《徒然草》。

佛印（1032-1098）：宋代僧人，又稱佛印禪師。

百丈懷海（720-814）：唐代禪僧。《碧巖錄》第二十六則和《無門關》第二則「百丈野狐」，皆可見百丈懷海出現其中。

金剛手（Vajrapani）：十一世紀印度僧人，對佛經傳入藏地扮演重大角色，他曾爲《心經》撰寫評注。

蔣央噶威洛追（Jamyang Gawai Lodrö, 1429-1503）：十五世紀藏僧。本書文中引用字句，來自其著作英譯本《*Thorough Elucidation of the Meaning of the Words*》

第三部　六不

那伽（naga）：原是印度神話中的蛇神之名。佛教也引入印度傳統的那伽（龍族）概念，因而漢傳佛教常將那伽翻譯爲「龍」。

法夫尼爾（Fafnir）：原是北歐神話中的侏儒，之後化身爲龍。

最澄（767-822）：日本平安時代僧人，天台宗創建者。

那體慧（Jan Nattier, 1949-）：美籍佛教學者，撰有《*The Heart Sutra: A Chinese Apocryphal Text ?*》一文。

佛教奠基者。

龍樹（Nagarjuna, 約 150-250）：大乘佛教中最重要的論師，廣泛影響了各個宗派，在佛教史上具崇高地位，著作中以《中論》和《大智度論》最著名。

空海（Kukai, 774-835）：唐代日本留學僧，學習眞言密教，返國後開宗爲眞言宗。

舍利子（Shariputra）：佛陀弟子，《心經》正文便是由觀世音向他所說之內容。

棚橋一晃（1933-）：日本書畫家，《心經：如何通達此部大乘佛典 *The Heart Sutra: A Comprehensive Guide to the Classic of Mahayana Buddhism*》一書作者。

第一部　開門

蓮沼良直：日本禪僧，京都南禪寺宗務總長。

愛比克泰德（Epictecus, 50-135）：古羅馬斯多噶派哲學家，其言行由學生阿里安（Arrian）記錄下來，集結爲《論說集 *Discourses*》，並精簡爲《手冊 *Enchiridion*》，現有中譯本，名爲《爲你的心定錨》。

拉柏雷（François Rabelais, 1494-1553）：法國文藝復興時期作家，人文主義的代表人物之一。

亞當・斯密（Adam Smith, 1723-1790）：蘇格蘭哲學家及經濟學家，《國富論 *The Wealth of Nations*》作者，經濟學之父。

湯瑪斯・傑佛遜（Thomas Jefferson, 1743-1826）：第三任美國總統。同時也是《獨立宣言》主要起草人。

阿儺（Ananda）與伽葉（Kasyapa）：兩人皆在佛陀十大弟子之列。

達利噶巴（Darikapa）：十一世紀印度智者，印度佛教密宗噶舉派開山祖師帝洛巴（Tilopa, 988-1069）的導師。

濕婆（Shiva）：與梵天、毗濕奴並稱印度教三大主神，濕婆既是毀滅之神，也是宇宙創造與轉化者，有時會進入納塔羅闍（Nataraja／宇宙之舞）狀態，藉此摧毀一個衰老的宇宙。

鳩摩羅什（Kumarajiva, 344-413）：出身龜茲的佛僧及佛經譯者，活躍於東

人物名詞

序

法藏（643-712）：唐代僧人，又稱賢首國師，華嚴宗實際創立者。

白隱慧鶴（1686-1769）：日本江戶時期臨濟宗著名禪師，十九世紀時，明治天皇曾追封他爲「正宗國師」。

丹達拉然巴（Dendarla Rampa, 1759-1839）：蒙古喇嘛，著有《般若波羅蜜多心經明釋．摩尼光 *Jewel Light Illuminating the meaning of The Heart Sutra*》。

導言

大衛．基德（David Kidd, 1926-1996）：藝術收藏家，作家，一九四〇至五〇年代初曾定居北京，後遷居日本蘆屋及京都。

坂東玉三郎（1950-）：五代目坂東玉三郎，歌舞伎藝術大師，爲日本現役女形最具代表性人物，同時也是演員、電影導演。

瑪格麗特．尤瑟娜（Marguerite Yourcenar, 1903-1987）：作家，詩人，法蘭西學術院歷史上的首位女院士。著有《哈德良回憶錄 *Mémoires d'Hadrien*》等書。她晚年開始研究日本文化，相當欣賞紫式部，也以三島由紀夫爲題，寫出《三島由紀夫：或者空虛的視野 *Mishima ou la vision du vide* 》

窺基（632-682）：玄奘的弟子，法相唯識宗創始人。

悉達多．喬達摩（Siddhartha Gautama, 563-483 BC）：釋迦摩尼的本名，

276 「第二重亦在。漁唱薪歌著何處、鷺吟燕語作麼生？」'It keeps talking . . . twittering swallows?': Hakuin, *Zen Words for the Heart*, pp. 83–4.「第二重亦在。漁唱薪歌著何處、鷺吟燕語作麼生？」

280 「第一次『羯諦』是為我們自己的，第二次則是為了救助他人。」Fazang, with his eye for detail . . . help others: Fazang, *Hannya shingyo rakuso*, p. 186.「重言羯諦者、自度度他也。」

280 「最後一句經文（「羯諦羯諦」以降）儘管有曼怛羅的形式，卻並非真的曼怛羅……雖然曼怛羅能有極為豐富多樣的意涵，但通常沒有特定意義，也通常不可翻譯。」 'the last line . . . usually not translatable': Sheng Yen, *There is No Suffering: A Commentary on the Heart Sutra* (Elmhurst, NY: Dharma Drum Publications, 2001), p. 115.

284 「另一個稱為《一字般若波羅蜜多經》的版本，將文本壓縮成一聲『唵』」 Another version . . . single sound *Om*: Ji Yun, 'Is the Heart Sūtra an Apocryphal Text? A Re-examination', trans. Chin Shih-Foong (8 March 2018), p. 22 (https://www.academia.edu/36116007/Is_the_Heart_Sūtra_an_Apocryphal_Text_A_Re-examination).『一字般若波羅蜜多経』

285 「知性與感性上極度疲憊的觀音要跳出最後一躍。將祂與相對性的世界還有「己力」維繫在一起的最後聯結徹底斷開。祂發現自己已身在彼岸，情感洪流勢不可擋，只能不停叫喊『羯諦！』這聲『羯諦』後來成了祂的梵咒，也成了般若波羅蜜多的梵咒。」'Utterly exhausted . . . mantra of the *Prajnaparamita*': Suzuki, *Essays in Zen Buddhism*, p. 216.

287 「言薩婆訶者。此云速疾也。謂欲令前所作速疾成就故云爾。」'Sowaka …fast as possible': Fazang, Hannya shingyo rakuso, p. 185.「言薩婆訶者。此云速疾也。謂欲令前所作速疾成就故云爾。」

287 「賜福於」'blessing to ': Tanahashi, The Heart Sutra, p.204.

290「誦畢此咒，又呼諦力願文併拍掌者，得莫大加持。」'After reciting this mantra . . . waves of blessing': Jamyang Gawai Lodrö, *Thorough Elucidation of the Meaning of the Words: An Exposition of the Heart of Wisdom*, quoted in ibid., p. 161.

mind which cherishes . . . bodhisattva's practice': Dalai Lama, quoted in Barbara O'Brien, 'Bodhicitta: Practice for the Benefit of All Beings', *Learn Religions* website (https://www.learnreligions.com/teachings-about-bodhicitta-450009, updated 28 October 2019).

262 「菩薩意在拯救一切有情蒼生，但菩薩眼中不見有情蒼生。」'The Bodhisattva aims . . . no sentient beings': Nagarjuna, quoted in Brunnhölzl, *The Heart Attack Sutra*, p. 47.

263 「不管在我生命的哪一時期——就說在修道院裡好了——遇見務實慈善的真正聖人化身，他們大多有著一種忙碌外科醫生般的神態：充滿活力、務實、不拘小節，沒有情緒起伏；眼見人間苦難時，那種臉孔上是看不出一絲悲憫與半點溫柔的，並且無畏於傷害人性。那是一張真正的善才會擁有的無動於衷、冷酷無情、超凡崇高的臉。」'Whenever in the course of my life . . . true goodness': Proust, *In Search of Lost Time*, trans. Martin et al., vol. 1: *Swann's Way*, p. 89.

264 「般若如宵練，遇物即斷，物斷而不自知。非神聖者不能用，況小丈夫哉。」'*Hannya* is like a sword . . . not the ignorant!': Hanshan Deqing, *A Straight Talk on the Heart Sutra*, p. 220.「般若如宵練。遇物卽断。物断而不自知。非神圣者不能用。况小丈夫哉。」

第十部　說咒

269 「然既曰般若，而又名咒者，何也？極言神效之速耳，如軍中之密令。能默然奉行者。無不决勝。」'It has already…achieve victory' :Hanshan Deqing, A Straight Talk on the Heart Sutra, p.219.「然既曰般若，而又名咒者，何也？極言神效之速耳，如軍中之密令。能默然奉行者。無不决勝。」

272 「一字中含無邊義。一點內呑塵數理。」'Each letter . . . holds infinite truths': Dreitlein, 'Kūkai's *Secret Key to the Heart Sūtra*', p. 9.「一字中含無邊義。一點內呑塵數理。」

272 「山毫點溟墨，乾坤經籍箱。」'Inscribed with the brush . . . the sutra book': Ibid., p. 9.「山毫點溟墨 乾坤經籍箱。」

254 「於一聲中攝藏無量功德。故名無盡藏。」'Within a single sound…in exhaustible treasury': Dreitlein(trans.), Kukai's Secret Key to the Heart Sutra, p.11.

255 「根據棚橋一晃在他的《心經》著作中所寫，『明』是梵文 *vidya* 的中文翻譯，表示知識、哲學與科學。」According to Kazuaki Tanahashi . . . knowledge, philosophy, science: Tanahashi, *The Heart Sutra*, p. 196.

255 「一念熏修，則生死情關忽然隳裂。正如千年暗室，一燈能破。」'Within a moment's reflection . . . a thousand years': Hanshan Deqing, *A Straight Talk on the Heart Sutra*, ed. and trans. Lu K'uan Yü, in *Ch'an and Zen Teaching* (Berkeley, CA: Shambala, 1960), p. 220.「一念熏修。生死情关忽然隳裂。正如千年暗室。一灯能破。」

260 「顯密在人，聲字即非。然猶顯中之祕，祕中極祕，淺深重重耳。」'Revealed and hidden . . . multilayered': Dreitlein (trans.), 'Kūkai's *Secret Key to the Heart Sūtra*', p. 42.「顯密在人聲字卽非。然猶顯中之祕祕中極祕。淺深重重耳。」

260 「醫王之目觸途皆藥，解寶之人礦石見寶。」'In the eyes . . . he sees gemstones': Ibid., p. 41.「醫王之目觸途皆藥。解寶之人礦石見寶。知與不知何誰罪過。」

260 「宗教符號學的畸形」'abnormality in religious symbology': D. T. Suzuki, quoted in 'Why is There a Dhāranī in the Heart Sūtra?', *Jayarava's Raves* website, 18 October 2013 (http://jayarava.blogspot.com/2013/10/why-is-there-dharani-in-heart-sutra.html).

260 「文字本身毫無意義，與《般若經》的必要關聯也莫名其妙。」'apparently a degradation . . . unintelligible': D. T. Suzuki, *Essays in Zen Buddhism*, Third Series (London: Rider and Company, 1934), p. 217.

260 「這種唐突的轉折有什麼意義？乾脆說，為什麼要有這段廢話？」'What is the meaning . . . so to speak?': Ibid., p. 210.

261 「可貴自性大神咒。」'Cherish the great mantra of your own nature': Hakuin, *Zen Words for the Heart*, p. 34.「可貴自性大神呪」

262 「憐惜其他有情存在勝過自身之心，便是菩薩修行的基礎。」'The

the Heart Sūtra', p. 39.「已上密說般若。此五種不翻之一也。蓋呪是佛之密語。非下凡所知。」

246 「八萬四千教義的精華就在於《般若經》，而《摩訶般若經》等等的精華就在於《心經》，而《心經》的凝練要義就在於這段梵咒。」'The quintessence . . . this mantra': Gungthang, quoted in Lopez Jr, *The Heart Sutra Explained*, p. 132.

247 「假如夏呂斯男爵沒有出現，他們簡直會失望於僅只能與無異於大眾的他人共度車程，而無法享有這麼一位油頭粉面、大腹便便、扣頭緊繃、令人想起一口洋溢異國風情卻又來源可疑的箱匣、吐露著一想到其滋味就能讓人反胃的古怪水果氣味的人士相伴。」'if M. de Charlus . . . turn the stomach': Marcel Proust, *In Search of Lost Time*, trans. T. Martin, C. K. Scott Moncrieff and A. Mayor, rev. D. J. Enright, 6 vols, e-book edn (New York: Modern Library, 1992), vol. 4: *Sodom and Gomorrah*, p. 599.

249 「在危急之時拯救我的，是我對這份至寶的依賴。」'In my moment . . . this treasure': Takenaka Tomoyasu, '*Hannya shingyo bekken – sharishi-ko*', *Rinzai-shu Myoshinji-ha kyogaku kenkyu kiyo* (May 2004), p. 151, quoting from Xuanzang's memoirs *Daito jionji sanzohoshi-den* (ad 688).「危きに在って済はるるを穫たるは寶にこれに憑る所なり。」

249 「誦四句偈〔梵咒〕則無憂而願成」。是故，若天皇誦此經則戰亂不入國門，若平民誦此經則疫病不興。斬災厄招福德，此經無上。詔令全國，不分男女老幼，凡起座行步口閑時，皆當誦摩訶般若波羅蜜多。'It is said . . . *Hannya Haramita*': Ibid., p. 150, quoting from Japanese annals *Zoku nihongi* (ad 797).「"四句の偈等を受持読誦せば福徳聚まることを得て思い量るべからず"ときく。 . . . 起座行歩に口に閑ひて、皆尽く摩訶般若波羅蜜多を念誦せしむべし。」

250 「若人信於空，彼人信一切；若人不信空，彼不信一切。」'All is possible . . . be possible': Nagarjuna, *Vigrahavyavartani* ('Dispeller of Disputes'; second century ad), verse 71.

250 「生命中的無控制元素。」'the uncontrolled element in life': Benoit Mandelbroy, quoted in http://en.wikipedia.prg/wiki/Benoit_Mandelbrot.

p. 132.

229 「將眾生視為平等、不細辨他我的能力。衝突發生時，就算深切我們的利害關係，仍要保持不偏不倚，並且要能夠去愛、去了解雙方。」'the ability . . . understand both sides': Thich Nhat Hanh, *The Heart of the Buddha's Teaching: Transforming Suffering into Peace, Joy, and Liberation* (New York: Harmony Books, 1998), p. 174.

230 「最最睿智之人，是否光憑活著就能習得具備絕對價值的智慧，簡直讓人懷疑。」'One may . . . by living': Henry David Thoreau, *Walden* (London: Everyman, 1972), p. 6.

230 「吾人身內滿是無明煩惱；諸多貪婪、憤怒、脾氣、嫉妒、種種忌羨之情，一刻也不漏地藏在心中，至於臨終也不止息、不消散、不減少。」'Ignorance and worldly cares . . . unending': Shinran, *Ichinen tanen mon'i* (1256), quoted in http://labo.wikidharma.org/index.php/ 一念多念証文 .「無明煩悩われらが身にみちみちて、欲もおほく、いかり、はらだち、そねみ、ねたむこころおほくひまなくして、臨終の一念にいたるまでとどまらず、きえず、たえず。」

230 「在此末法時代，尊崇釋迦教法並勤身修行的有情眾生，悟道者一人也無。」'In this age . . . achieved any of it!': Honen, *Senchaku hongan nenbutsushu* (1198), quoted in http://labo.wikidharma.org/index.php/ 選択本願念仏集 .「釈迦の教法ましませど、修すべき有情のなきゆゑに、さとりうるもの末法に、一人もあらじとときたまふ。」

241 「通身是口掛虛空，不問東西南北風，一等與渠談般若。滴丁東了滴丁東。」'My whole being . . . "*Chin Ten Ton*"': Dogen, *Shobogenzo: The Treasure House of the Eye of the True Teaching: A Trainee's Translation of Great Master Dogen's Spiritual Masterpiece*, trans. Hubert Nearman (Mount Shasta, CA: Shasta Abbey Press, 2007), p. 28.

第九部　大神咒

246 「已上密說般若。此五種不翻之一也。蓋咒是佛之密語。非下凡所知。」'Mantras are . . . people can know': Dreitlein (trans.), 'Kūkai's *Secret Key to*

Heart, p. 42.

204 「故大品云，無所得故而得。」'In the Long Wisdom Sutra . . . everything': Fazang, *Hannya shingyo rakuso*, p. 151.

206 「而今識盡愁滋味，欲說還休。欲說還休，卻道天涼好個秋。」when he was young . . . 'The weather is cool, what a lovely autumn': Xin Qiji, '*Chou nu erh*'.

第七部　心無罣礙

211 「沒有比菩提心更具美德的心靈，沒有比菩提心更加強大的心靈，沒有比菩提心更充滿喜樂的心靈……每一種尋常與超凡的力量，都能藉菩提心獲得，因此彌足珍貴。」'There is . . . absolutely precious': Dalai Lama, quoted in Barbara O'Brien, 'Bodhicitta: Practice for the Benefit of All Beings', *Learn Religions* website (https://www.thoughtco.com/teachings-about-bodhicitta-450009, updated 6 March 2017).

214 「苦屈苦屈若見一法可依怙驀地須吐却」'*Aak, aak!* . . . spit it out!': Hakuin, *Zen Words for the Heart*, p. 50–51.

214 「只恨畫蛇添雙腳。」'It is really . . . a pair of legs': Ibid.「只恨畫蛇添雙腳」

215 「道元回答：『我空手而回，一絲一毫佛法都沒帶上。』別人又問他：『那你學到什麼？』道元回應：『只稍微學了點柔軟心。』」'I have come back . . . flexibility of heart': Dogen, *Eiheikoroku*.「空手にして郷に還る。所以に一毫も仏法無し。」「「唯少く柔軟心を得たり。」

217 「不是我放棄了那金子，」她說。「是那牆壁放棄了。我只能讓東西隨它們自己去罷。屋宅、人物、桌椅，莫不是順著改變不了的命運，兀自更迭替換。假若東西想要走樣、遺失還是損壞，我們什麼辦法也沒有，只能隨它們去。」'I didn't give up . . . let them go': David Kidd, *Peking Story: The Last Days of Old China* (New York: Clarkson N. Potter, 1988), p. 186.

第八部　達成無上圓滿開悟

227 「無學道」'Path of No More Learning': Lopez Jr, *The Heart Sutra Explained*,

. . . does not create': Imre Hamar, 'The Metaphor of the Painter in the 'Avataṃsaka-sūtra' and Its Chinese Interpretations', SOS 13 · 2 (2014), p. 188 (https://www.academia.edu/13235090).

176 「曼德博集合以它的電腦模擬圖型打進流行文化，該圖型展現了它如何產生一系列奇妙的羽狀螺旋、起碎沫的波浪與渦卷，細膩程度層出不窮——一切都自最單純的規則所生。」The Mandelbrot set . . . simplest of rules: For a more detailed explanation of the Mandelbrot set, see https://www.youtube.com/watch?v=NGMRB4O922I and on the infinite level of magnification generated by the set, see https://www.youtube.com/watch?v=aSg2Db3jF_4.

178 「*Animula, vagula, blandula*
魂魄狎余，馳騁而魅惑兮，嘉賓莫逆兮伴血肉。
汝今一去兮終流落，蒼如縞素，僵兮凝、袒兮裸，投余笑語不復往昔。」'*Animula* . . . as you used to': The poem here is translated from the original Latin. For more on the death of Hadrian and on his poem, with the full Latin text and various translations, including Yourcenar's, see https://followinghadrian.com/2013/07/10/animula-vagula-blandula-hadrians-farewell-to-life/.

182 「暫時不在如同死人」'Absent . . . well be dead': *Bessatsu taiyo*, special issue on Hakuin (January 2013).

第六部　無聖道且無功德

190 「苦集是世間因果。謂苦是生死報。」'Suffering and its causes . . . dying': Fazang, *Hannya shingyo rakuso*, p. 142.「染浄因果門也 。苦集是世間因果。謂苦是生死報。」

191 「有任何東西送到你身邊嗎？伸出手去取用適當的一份。那東西繞過你去了嗎？別攔它。那東西還沒來嗎？別帶著慾望期盼，等它接近你就是。對妻兒產業也當如此，終有一日你將尊貴足以同諸神宴飲。」'Is anything . . . the gods': Epictetus, *Enchiridion*, trans. Higginson, ch. XV.

204 「放下著抱贓叫屈」'Let go . . . in his hands': Hakuin, *Zen Words for the*

Evolution of Beauty (New York: Doubleday, 2017).

155 「以心分別諸法皆邪。不以心分別諸法皆正。」'With mind discriminating . . . all correct': Lusthaus, 'The Heart Sutra in Chinese Yogācāra', p. 59.

155 「有眼耳鼻舌身意，有色聲香味觸法。」'And a nose . . . do exist!': Hakuin, *Zen Words for the Heart*, p. 43.

155 「知性給予我們記得過去的能力，也使我們能夠預見未來的可能——兩者皆既好也不好……最終，人類知性創造出來的不幸，也唯有知性本身能夠紓解。」'Our intelligence gives us . . . intelligence itself': Tenzin Gyatso, *Essence of the Heart Sutra*, p. 6.

第五部　無老亦無死

160 「P〔命題〕存在
非 P〔否命題〕存在
P 與非 P 都存在
P 或非 P 都不存在」
'There is P . . . nor not-P': Jan Westerhoff, *History of Philosophy Without Any Gaps*, episode 46, podcast published by King's College London, with Peter Adamson and Jonardon Ganeri, 9 July 2017 (https://historyofphilosophy.net/nagarjuna-tetralemma).

160 「預設謬誤」'pre-supposition failure': Ibid.

163 「趙州和尚因僧問狗子還有佛性也無。州云：『無』。」'A monk asked . . . "*Mu!*"': *The Gateless Gate*, Koan 1.

164 「將三百六十骨節、八萬四千毫竅，通身起箇疑團參箇無字。晝夜提撕，莫作虛無會、莫作有無會。如吞了箇熱鐵丸相似，吐又吐不出。」'Make your whole body . . . you cannot': Barbara O'Brien, 'What is *Mu*? The Barrier Gate of Zen', *Learn Religions* website (https://www.thoughtco.com/what-is-mu-in-zen-449929, updated 8 March 2017), quoting *The Gateless Gate*, Koan 1.

169 「心如工畫師，能畫諸世間。五蘊悉從生，無法而不造。」'Mind

Raves website, 23 January 2015 (http://jayarava.blogspot.com/2015/01/there-is-no-life-after-death-sorry.html).

138 「更勤勉地執行賞罰，並謹慎思考什麼構成善惡，這兩項重責大任都落在人類肩上，因為宇宙才不準備在人類死後替我們清算這一切。」'The onus . . . after death': Ibid.

143 「……最後的最後一幕，結束這詭譎多事歷史劇，是返老還童、一忘了之，無牙、無眼、無滋味亦無一切。」 'Last scene . . . sans everything': William Shakespeare, *As You Like It*, Act II, scene vii.

144 「但在那一年間，王國覆滅了，沒人記得把瑜伽行者挖出來。約莫十年後有人想起來了：「那個瑜珈行者怎麼了？」國王派了數人前去了解。瑜珈行者被挖出來了，他依舊處於深度出神境界。一句事前約定好的真言呢喃進他的耳裡，他醒來了，說的第一件事就是，『我的馬在哪？』」 'But in the course . . . "Where is my horse?"': Osho, 'The Buddha Within', in his *The Heart Sutra*, p. 8–9.

145 「《心經》的整套流程會讓你明白，你的自我是唯一不存在的東西——唯一不存在的東西！其他一切都是真實的。」 'The whole process . . . is real': Ibid., p. 3.

146 「敬鬼神而遠之」'Respect gods . . . at a distance': Confucius, *Analects*, ch. 6, no. 22.

150 「達爾文在提出演化論時，曾因孔雀華麗的尾羽大感苦惱，該部位之笨重與累贅，沒有在「天擇」中占據優勢的可能。他在檢視其他物種後得出結論：動物（通常為雌性）擇偶往往只靠美感。那或許是一隻鳴禽選上最動聽的情歌、抑或一隻鸛鳥偏愛最魅惑的求偶舞步、又或一隻雌河豚垂青雄河豚以鰭在海床沙上畫出的最精巧圖案。近期研究顯示，美感內建於動物大腦，連微小的青蛙都有，並且是推進演化最強勢的驅力之一。達爾文稱此為『美的品味』。」Darwin, as he pondered . . . 'a taste for the beautiful': On Darwin, see https://www.nytimes.com/2017/09/18/books/review/evolution-of-beauty-richard-prum-charles-darwin.html. On recent research, see Michael Ryan, *A Taste for the Beautiful* (Princeton, NJ: Princeton University Press, 2018) and Richard O. Prum, *The*

of Buddhist Studies, vol. 15, no. 2.(1992),pp. 153-223.

117 「人性之善也，猶水之就下也。……今夫水搏而躍之，可使過顙，激而行之，可使在山，是豈水之性哉？」'People's goodness . . . of water': Mencius, *Mengzi*, vol. 11: *Gaozi*.

118 「這種天生不滅的佛心又稱『自性涅槃』，或稱自性解脫，因為此心自然存在我們每個人之中。」'clear-light nature . . . in all of us': Tenzin Gyatso, *Essence of the Heart Sutra*, p. 82.

120 「成佛之道可以說純粹就是一次接著一次的失望——唯一的好消息是，悟道會是最後一次失望。」'We could say . . . last one': Karl Brunnhölzl, *The Heart Attack Sutra: A New Commentary on the Heart Sutra* (Ithaca, NY: Snow Lion Publications, 2012), p. 53.

121 「無言無說、無示無識、離諸問答。是為不二法門。」'What is . . . Gate to "Not-Two"': *Blue Cliff Record*, Koan 84.

第四部　無眼耳鼻舌身意

125 「決不、決不、決不、決不、決不！」'Never, never, never, never, never!': William Shakespeare, *King Lear*, Act V, scene iii.

126 「文殊利劍能揮八不，絕彼妄執之心乎」'The sharp sword . . . thoughts': Dreitlein (trans.), 'Kūkai's *Secret Key to the Heart Sūtra*', p. 27.

129 「不空之空，空而不斷。不有之有，有而非常。」'The emptiness . . . not endure': Fazang, *Hannya shingyo rakuso*, p. 27.

130 「令即對此世感到如此悲傷淒涼，我卻不是能夠一飛了之的小鳥。」'As sad . . . fly away': *Man'yoshu*, vol. 5, no 893.「世間を憂しとやさしと思へども飛び立ちかねつ鳥にしあらねば」

130 「菩薩即英勇面對並承擔反覆思索二諦艱辛之人。」'A Bodhisattva . . . again': Geshe Sonam Rinchen, *The Heart Sutra*, p. 30.

136 「佛教概念史受〔死後的〕連續性問題主導：過於連續則開始看起來像有靈魂、但不夠連續則業力無法運作……結果物理學表示，毫無任何合理疑問，死後不存在、也不可能存在個體連續性。」'The history . . . post-mortem continuity': 'There is No Life After Death, Sorry', *Jayarava's*

people . . . so what': Andy Warhol, *The Philosophy of Andy Warhol: From A to B and Back Again* (Boston, MA: Houghton Mifflin Harcourt, 2014), p. 112.

100 「八萬四千教義之源與一切奇妙之根底。」'the source . . . all marvels': Lopez Jr, *The Heart Sutra Explained*, p. 34.

102 「人應該停留在嘗過一口真如滋味的定境之中。」'One should . . . the suchness': Jamyang Gawai Lodrö, *Thorough Elucidation of the Meaning of the Words: An Exposition of the Heart Sutra*, quoted in Tenzin Gyatso, *Essence of the Heart Sutra*, p. 159.

第三部　六「不」

106 「不生不滅，不常不斷，不一不異，不來不去。」'Not arising . . . not going': 龍樹《中論》

110 「他在計畫寫一本可能永遠寫不出來的書。」'He is planning . . . never write': Marguerite Yourcenar, *Le tour de la prison* (Paris: Gallimard, 1991), p. 129.

112 「如尋大海之針、如引妙高之線。」'like finding . . . high peak': Takeuchi Seiichi, *Hanabira ha chiru, hana ha chiranai – mujo no nihon shiko* (Tokyo: Kadokawa Gakugei Shuppan, 2011), p. 64, quoting Saicho's Wishes (Ganbun).「大海の針、妙高の線」（如尋大海之針、如引高峰之線）

112 「你是一位演員，演一齣作者說了算的戲——若他要戲短，你戲份就短；若他要戲長，你戲份就長。若他高興你扮演窮人、或殘疾、或君主、或普通公民，他是看中你有能力演好這些角色。把分配到的角色演好是你的工作，但選擇角色是別人的職責。」'You are an actor . . . another': Epictetus, *Enchiridion*, trans. Higginson, ch. XVII.

115 「那體慧斷言，多數版本都是從四世紀譯經者鳩摩羅什的一篇早期文本衍生而出。不論究竟是絲路上的病僧、還是玄奘本人編纂出了《心經》，顯然都是在鳩摩羅什的某段文字上加油添醋，再增添一對合適的首尾段落而成。」Nattier figured out…ending: Jan Nattier, ' The Heart Sutra: A Chinese Apocryphal Text?' Journal of the International Association

舎の鐘の聲、諸行無常の響きあり . . . たけき者もつひには滅びぬ、ひとへに風の前の塵に同じ。」

89 〈悲世間無常歌〉'Song of Grief at the Impermanence of this World': *Man'yoshu*, vol. 19, no. 4160.『世間の無常を悲しぶる歌』

90 「假若化野的露水從不消逝，假若鳥部山的焚煙永不逸散——要是我們只跟那種玩意過活，怎能為物哀所動！正是生命的易變，使得生命無比珍貴。」'If the dew···most precious': Yoshida Kenko, *Tsurezuregusa, ch.7.*「あだし野の露消ゆる時なく、鳥部山の煙立ち去らでのみ住みはつる習ひならば、いかにものゝあはれもなからん。世は定めなきこそいみじけれ。」

93 「好一釜羹被兩顆鼠糞污却。」'A nice kettle . . . rat turds': Hakuin, *Zen Words for the Heart*, p. 31.

94 「在我們生活方式的各種層面上——家庭生活、社會生活、勞動生活、政治生活——內在繳械總是人性最重要的需求。」'In all levels . . . humanity needs': Tenzin Gyatso, the Fourteenth Dalai Lama, *Essence of the Heart Sutra: The Dalai Lama's Heart of Wisdom Teachings* (Boston, MA: Wisdom Publications, 2005), p. 7.

94 「無物是彼岸的芬芳。是心朝超越的敞開……唯有嗅及這種芬芳、觸及存有內部的這種絕對無物、讓這種無物蔓延周身，就那麼成為一片純淨無雲的天空時，人方能完整。」'Nothingness . . . unclouded': Osho, 'The Fragrance of Nothingness', in his *The Heart Sutra: Talks on Prajnaparamita Hridayam Sutra of Gautama the Buddha* (Pune: Rajneesh Foundation, 1978), p. 65.

95 「我罵了誰？你說你八風吹不動，卻被一屁打過江。你難道還能自居八風吹不動嗎？」'The eight winds blow . . . don't move you?': Hsuan Hua, *The Heart of Prajna Paramita Sutra* (Burlingame, CA: Buddhist Text Translation Society, 2002), p. 30–31.

95 「僧問百丈如何是奇特事。丈云獨坐大雄峰。」'A monk . . . noble peak': *Blue Cliff Record*, Koan 26.

96 「有時大家會放任可以光靠一句……『那又怎樣』。」'Sometimes

Buddhist Thought & Culture September, vol. 3 (2003), p. 73.

60 「須彌山頂矗華宮，雕梁畫棟廣無邊。雄獅寶座安正中，蓮花大日充褥墊。紅膚王母展姿容，金身四臂豐腴面。」'Rising . . . body golden': Lopez Jr, *The Heart Sutra Explained*, pp. 115.

61 「此『時』」為『時機已到』的『時』。」'the time has come': Fazang, *Hannya shingyo rakuso* ('Summary of Notes on the Heart Sutra'), trans. Iwata Masanari (Tokyo: Shinjinbutsu Oraisha, 1984), p. 66.「言時者、謂以此菩薩有時。」

61 「是空法，非過去、非未來、非現在。」'Thus . . . no future': Tanahashi, *The Heart Sutra*, p. 168.

70 「濟苦海之迅航」'fast-moving boat over stormy seas': Fazang, *Hannya shingyo rakuso*, p. 31.

第二部　色與空同

81 「我們就像走在一條窄道上，一側下探無底深淵，另一側山壁卻滿佈帶刺鐵絲網。假使我們選擇虛無主義，就會墜入深淵；如果我們靠山壁太近，又會被一塌糊塗的人生織成的帶刺鐵絲網纏住。此後我們既不能繼續前行，也無法返回來時路。我們都進退兩難。」'if we were walking . . . We are stuck': Geshe Sonam Rinchen, *The Heart Sutra: An Oral Teaching*, ed. Ruth Sonam (Ithaca, NY: Snow Lion Publications, 2003), p. 49.

83 「如果你是詩人，你就能明白看出有朵雲在這張紙裡飄著。沒有雲就不會有雨，沒有雨就不會長樹，沒有樹就不能造紙。那朵雲對這張紙的存在而言十分必要。假如那朵雲不在這裡，那麼這張紙也不會在這裡。所以我們能說，那朵雲與這張紙『相即』。」'If you are a poet . . . inter-are': Thich Nhat Hanh, *The Other Shore: A New Translation of the Heart Sutra with Commentaries*, rev. edn (Berkeley, CA: Palm Leaves Press, 2017), p. 27.

89 「祇園精舍的鐘聲迴盪著萬物的無常。沙羅花的色澤現出盛極必衰。驕傲無法長存，如春日傍晚的一場幻夢。強者終將倒下，如風前塵土。」'The sound of the bell . . . the wind': *The Tale of the Heike*.「祇園精

. . . 6,000 scrolls: Guang Xing, 'Buddhist Impact on Chinese Language', *Buddhism Without Borders – Proceedings of the International Conference on Buddhism* (2012), pp. 221–42.

24 「一一聲字，歷劫之談不盡；一一名實，塵滴之佛無極。」'A discussion . . . it teaches': Thomas Eijo Dreitlein (trans.), 'An Annotated Translation of Kūkai's *Secret Key to the Heart Sūtra*', *Bulletin of the Research Institute of Esoteric Buddhist Culture*, vol. 24 (2011), p. 17.

第一部　開門

44 「唐飜云大。是什麼四維上下無等匹。多錯作廣博會了。君子愛財。取之有道。為我過小底般若來。」'Most folks . . . wisdom': Hakuin, *Zen Words for the Heart: Commentary on the Heart Sutra*, trans. Norman Waddell [Zen Words for the Heart is Waddell's rendition of the title of Hakuin's book *Poison Words on the Heart Sutra*] (Boston and London: Shambhala, 2013), p. 7.

46 「大般若一部六百卷十六會二百八十二品竝是文殊菩薩之三摩地門。」'The sutras . . . Manjusri': Dreitlein (trans.), 'Kūkai's *Secret Key to the Heart Sūtra*', p. 5, quoting Kukai's *Kongo hannya-haramitsu-kyo kaidai*.

53 「*Avolokita* 的意思是「觀」，由表示「遠離」或「往下」的 *ava*，以及與英文「看」（look）一詞有所關聯的 *lokita* 組成。」Avalokita··· (kan 觀 in Chinese)：Kazuaki Tanahashi, The Heart Sutra: A Comprehensive Guide to the Classic of Mahayana Buddhism (Boulder, CO: Shambala, 2016), p.148.

54 「言觀音詞義俱失。」'To call him . . . his name': Kuiji, *A Comprehensive Commentary on the Heart Sutra*, trans. Heng-ching Shih with Dan Lusthaus (Berkeley, CA: Numata Center for Buddhist Translation and Research, 2001), p. 14.

57 「鼓勵修行」'encouragement to practice': Dan Lusthaus, 'The Heart Sutra in Chinese Yogācāra: Some Comparative Comments on the Heart Sutra Commentaries of Wŏnch'ŭk and K'uei-chi', *International Journal of*

引用出處

作者註：後文引用的譯文，我根據原文漢字對某些譯者的譯文進行一些程度的更動，其中主要是湯瑪斯·德萊特蘭（Thomas Dreitlein，法號瑩淨（Eijo））譯的空海、陸寬昱譯的憨山德清、諾曼·瓦戴爾（Norman Waddell）譯的白隱。若有引文未交代翻譯版本細節（例如：《平家物語》、吉田兼好《徒然草》）則是因爲我自行英譯之故。

腳注中，多數中、日文引言的原文漢字會呈現在引用條目最後。之所以這麼做，是由於多年來閱讀引用中、日文經典英譯的英文文獻，卻無法看到漢字以理解原文意圖，一直都使我備感挫折。我希望漢字出處對懂得這兩種語言的讀者能夠有所幫助。

序

09 「經如托缽乞麰粒，散簡雜篇混一闕。不納深奧艱難辯，只源無染素樸心，吾智莫及難引咎。」'Like the barley . . . to be blamed': Donald S. Lopez Jr, *The Heart Sutra Explained: Indian and Tibetan Commentaries* (Albany, NY: State University of New York Press, 1988), 中文爲譯者譯自英譯版。麰：大麥。

導言

21 「根據記載顯示，中國自第三至十三世紀的千年之間，有一百七十三位譯者從超過六千支捲軸中譯出一千七百多部佛經。」e records

故

尋心經

一段走進《心經》世界的精神旅程

FINDING THE HEART SUTRA

Guided by a Magician, an Art Collector, and Buddhist Sages from Tibet to Japan

作者	艾力克斯・柯爾 Alex Kerr
譯者	王淩緯
社長	陳蕙慧
總編輯	卜祇宇
行銷	陳雅雯、余一霞、趙鴻祐
封面設計	井十二設計研究室
排版	宸遠彩藝
印刷	通南彩色印刷股份有限公司

讀書共和國集團社長	郭重興
發行人	曾大福
出版	開朗文化 / 遠足文化事業股份有限公司
發行	遠足文化事業股份有限公司
地址	231 新北市新店區民權路 108-2 號 9 樓
電話	(02) 2218-1417
傳真	(02) 2218-0727
客服專線	0800-221-029
信箱	service@bookrep.com.tw
法律顧問	華洋國際專利商標事務所 蘇文生律師
出版日期	2023 年 6 月初版一刷
定價	新台幣 380 元
ISBN	9786269562046（紙本） 9786269562060（EPUB） 9786269562053（PDF）

FINDING THE HEART SUTRA: Guided by a Magician, an Art Collector and Buddhist Sages from Tibet to Japan
Original English language edition first published by Penguin Books Ltd, London

國家圖書館出版品預行編目

尋心經 : 一段走進 << 心經 >> 世界的精神旅程 / 艾力克斯 . 柯爾 (Alex Kerr) 著 ; 王淩緯 . -- 初版 . -- 新北市 : 開朗文化 , 遠足文化事業股份有限公司 , 2023.05
320 面 ; 14.8 X 21 公分
譯自 : Finding the Heart Sutra: guided by a magician, an art collector and Buddhist sages from Tibet to Japan
ISBN 978-626-95620-4-6(平裝)

1. 般若部　2. 佛教修持

221.45　112005487